Originally published in the English language by HarperCollins Publishers Ltd. under the title:
Little Inventors Go Green!: Inventing for a better planet

Image ⓒ Little Inventors
Text ⓒ Little Inventors
Drawings ⓒ Dominic Wilcox

Little Inventors® is a registered trademark of Little Inventors Worldwide Ltd.
Translation ⓒ Jolly Books, 22 April 2025, translated under licence from HarperCollins Publishers Ltd.
Dominic Wilcox and Katherine Mengardon assert the moral right to be acknowledged as the authors of this work.

Korean translation copyright ⓒ 2025 by Jolly Books
Korean translation rights arranged with HarperCollins Publishers Ltd
through EYA Co.,Ltd.

이 책은 환경을 생각하는 마음으로 코팅 없이 만들었어요. 그래서 조금 더 쉽게 손때가 묻을 수 있으니, 소중히 아껴 읽어 주세요!

지구를 구하는 환경 발명 수업

"세상에는 약 400만 종의 다양한 동물과 식물이 있어요. 이 말은, 살아남기 위해 무려 400만 가지의 방법을 찾아냈다는 뜻이기도 해요."

— 데이비드 애튼버러

초판 1쇄 발행 2025년 4월 22일
초판 2쇄 발행 2025년 10월 1일

지음 도미닉 윌콕스, 캐서린 멘가든 | **옮김** 정수진
편집 공은주, 신대리라 | **마케팅** 이민재 | **디자인** 이하나 | **제작** 357제작소

펴낸이 공은주 | **펴낸곳** 명랑한 책방 | **출판등록** 2017년 4월 21일 제 2017-000011호
편집 010-5904-0494 | **영업** 010-8778-8586 | **팩스** 050-4252-8586 | **이메일** thejollybooks@gmail.com
인스타그램 jolly.books.official | **웹사이트** jollybooks.co.kr

ISBN 979-11-91568-18-9 (73400)

* 이 책은 저작권법에 따라 한국에서 보호를 받는 저작물이므로 무단 전재와 무단 복제를 금지하며, 이 책 내용의 전부 또는 일부를 이용하려면 반드시 저작권자와 명랑한 책방의 서면 동의를 받아야 합니다.
* 값은 뒤표지에 있습니다.
* 잘못된 책은 구입한 곳에서 바꾸어 드립니다.

KC 마크는 이 제품이 공통안전기준에 적합하였음을 의미합니다.

1장

환경을 지키는 발명 수업

어린이 발명가, 지구를 구하라!

리틀 인벤터스

여기 어린이 친구들이 번뜩이는 아이디어를 가지고 있다고 믿는 사람들이 있어요.
바로 리틀 인벤터스지요.

전 세계 곳곳에서 벌써 10,000명이 넘는 어린이들이
발명 아이디어를 그림으로 그려 보내 주었어요.
그중에서 250개가 넘는 아이디어가 실제 발명품으로
제작되었답니다!

리틀 인벤터스는 예술가, 디자이너,
각 분야의 전문가들과 함께 독특한 아이디어를 골라
실제 모형, 애니메이션, 3D 이미지로 만들고 있어요.

8살 아서는 '슈퍼 그로우 11000'을 발명했어요.

"해를 따라 움직이는 받침대 위에 화분을 올려 두면,
식물이 햇빛을 더 잘 받아 더 빨리 자랄 수 있어요."

아서의 발명품은 2018년 여름, 영국 뉴캐슬에서 열린
영국 북부 지역 대박람회에 다른 리틀 인벤터스
출품작과 함께 전시되었어요.
아서가 가장 좋아하는 TV 프로그램
'가드너스 월드'에도 출연했지요!

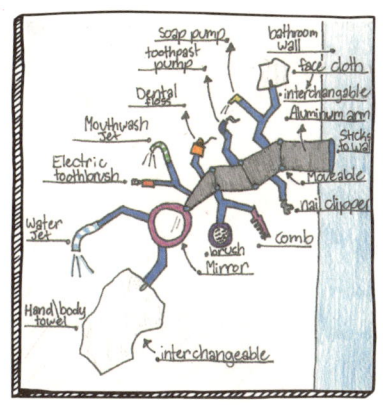

13살 에이미는 우주비행사를 위한 로봇팔을 발명했어요.

우주정거장에서 사용하는 캐나다암*을 작게 만들었어요.
우주인이 사용하는 세면도구들이 우주선 안을
둥둥 떠다니지 않도록 잡을 수 있어요.

에이미의 로봇팔은
우주 발명품 챌린지에서
상을 받았고,
우주선에 실려
국제우주정거장으로
갔답니다.

**8살 토마스는
걱정 분쇄기를 발명했어요.**

"걱정은 잘게 잘라 없애 주고
해결책을 인쇄해 줘요.
달콤한 초콜릿은 덤이에요."

토마스는 **상상한 만큼
커지는 미래 챌린지**에서
이 발명품으로 상을 받았어요.
두바이 근교 도시 샤르쟈에서
열린 전시회에 전시되어
직접 보러 가기도 했답니다!

littleinventors.org에서
다른 어린이 발명가들의
작품을 구경해 보세요.

---

* 캐나다에서 우주 탐사를 위해 개발한 로봇팔

발명이 이뤄지는 과정

우리 주변에 있는 물건은 모두 누군가가 발명한 것이에요.
그 사람들도 한때 여러분처럼 어린이였어요.

여러분처럼 **아이디어**가 있는 어린이요!

그들은 주변을 탐색하고 관찰하면서 아이디어를 떠올렸어요.

어떻게 하면 더 낫게, 더 재미있게 만들고,
더 쉽게 사용할 수 있을지 곰곰이 생각했지요.

그리고 아이디어를 최대한 발전시키고 또 발전시켜서
실제 발명품으로 만들었어요. 정말 대단하지요?

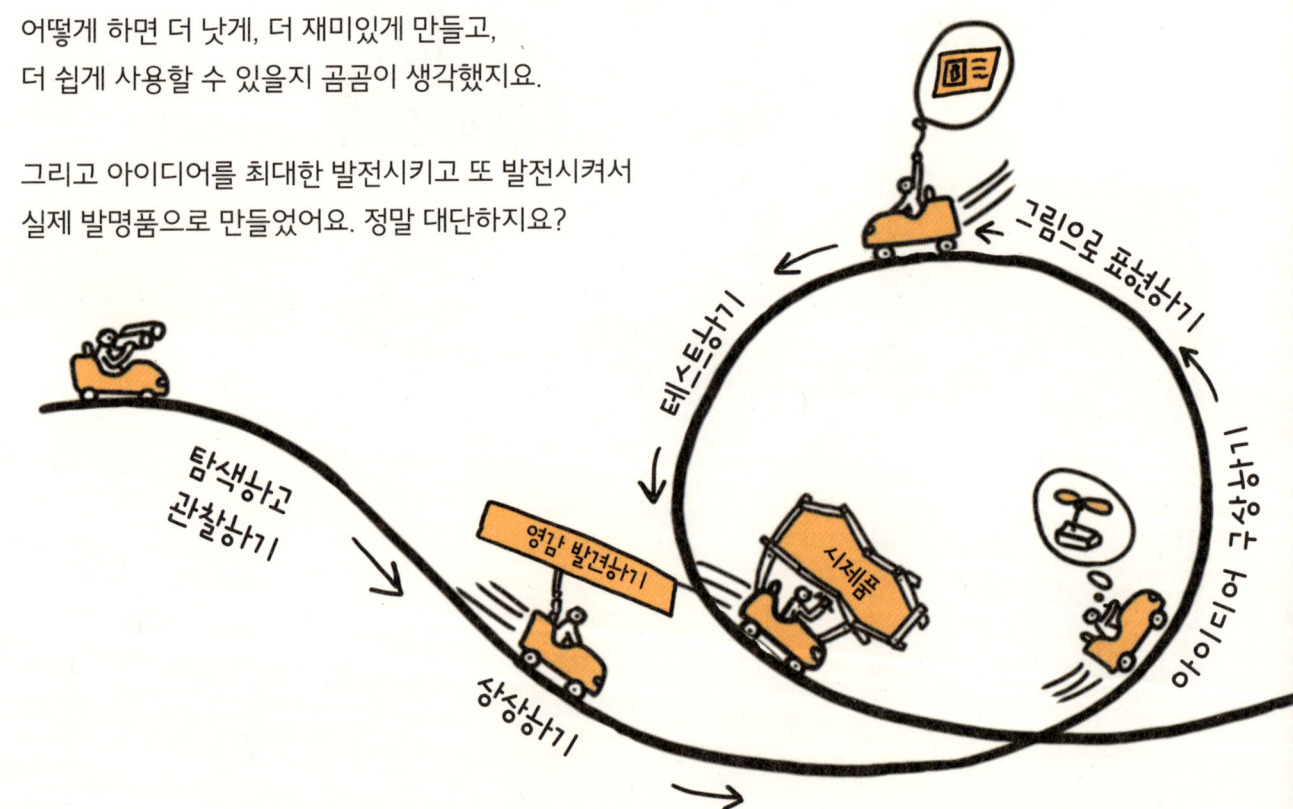

어린이는 타고난 발명가

…누구나 마찬가지예요!

여러분은 태어나면서부터 세상을 이해하려고 노력해 왔어요.
먹는 법, 말하는 법, 걷는 법, 노는 법,
재밌게 지내는 법을 모두 배워야 했거든요!
그러면서 세상을 경험하고 발견하게 되었지요.

호기심이 생기는 건 정말 자연스러운 일이에요.
그 덕분에 우리는 세상을 배우고 환경에 적응할 수 있답니다.

새로운 사물을 볼 때, 우리 뇌는 온갖 정보를 기록해요.
기록한 정보를 정리하기 위해 질문도 하지요.
그래야 새로운 상황을 만났을 때,
이를테면 문제 해결이 필요한 상황에서
기록한 정보를 활용할 수 있거든요.

그리고 어떤 **문제를 해결**해야 할 때야 말로 가장 번뜩이는 아이디어가 떠오른답니다.

호기심 많은 어린이들은 하루에 질문을 무려 93개나 한대요!
여러분도 묻고 싶은 것들이 있겠지요?

여러분에게 추천하고 싶은 주제는 바로 '자연'이에요.

자연만큼 우리의 호기심을 자극하고,
질문을 쏟아내기 좋은 출발점은 아마 없을 거예요!

2장

자연은 발명의 어머니

자연 속으로, 발명을 향해!

자연은 항상 우리 곁에 있었어요.
수백만 년 동안 변함없이요.

사실 자연은 인간보다 훨씬 전부터 존재했어요.
인간 역시 자연의 일부이고요!

고개를 들어 주위를 둘러보세요.
나무, 꽃, 파리, 하늘의 구름까지
모든 것들이 자연일 거예요.

모두 자연의 창조물이에요.
**어떤 문제를 해결하기 위해 창조한
발명품이지요.**

식물의 꽃은 곤충을 유인해 꽃가루를 멀리 퍼뜨리기 위한 거예요.

오징어가 먹물을 갖게 된 건 적의 공격을 받았을 때 몸을 숨기기 위해서지요.

소라 껍데기에서 사는 소라게는 점점 몸이 자라 껍데기가 작아지면, 더 큰 껍데기로 옮겨간답니다.

모든 생물은 끊임없이 변화하며 자기가 살고 있는 환경에서 살아남기 위해 가장 알맞은 조건을 갖추려고 해요.

진화는 아주 느린 속도로 이루어지는 자연의 위대한 발명인 셈이에요!

우리가 살아가는 곳, 지구

지구는 우연히도 완벽한 시기에,
완벽한 곳에 있었어요.
태양에서 딱 좋은 거리에 떨어져 있는 데다,
물의 양도, 대기의 구성도 알맞아
생명을 꽃피울 수 있었지요.
그리고 우리가 알고 있는 한,
은하계 전체를 통틀어
생명이 존재하는 유일한 행성이에요.

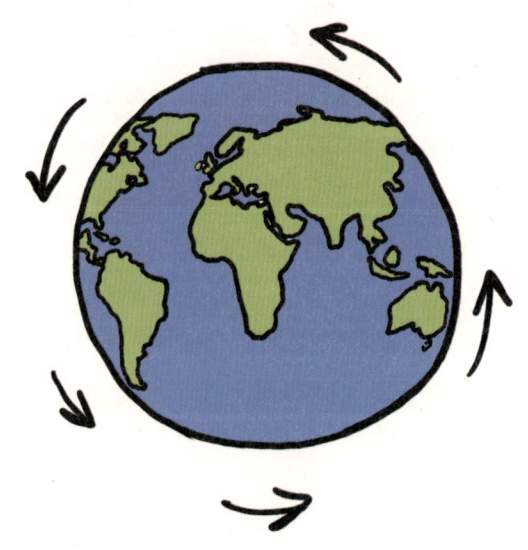

놀라운 생명체들의 집합!
사막부터 숲까지, 바다에서 산까지,
지구는 놀라운 동식물들이 함께
살아가는 집이에요. 자연은 언제나
우리에게 놀라움을 선사하지요.

우리가 집을 잘 관리하고 가꾸는 것처럼 지구도 잘 돌봐 줘야 해요!
우리와 지구의 모든 동식물은 서로 연결되어 있고
섬세한 균형을 이루고 있어요.
잘못된 행동은 이 균형을 깨뜨릴 수 있지요!

과학자들은 입을 모아 이야기해요.
삶의 방식을 바꿔야 한다고요.
그래야 지구를 지킬 수 있다고요.

자연은 우리 주변 어디에나 있어요.
도시든 시골이든 상관없이요.
우리의 행동 하나하나가 자연을 지키는 데
정말 중요한 역할을 해요.

이제 **여러분**이 나설 차례예요.
자연을 즐기고 잘 돌볼 수 있는,
좋은 아이디어가 필요해요.

자연을 탐험하면서 영감을 받는 건 어떨까요?

자연에서 영감을 받은 발명품

자연은 창의성으로 가득해요.
인간은 동식물을 따라 하면서
많은 걸 배웠지요.

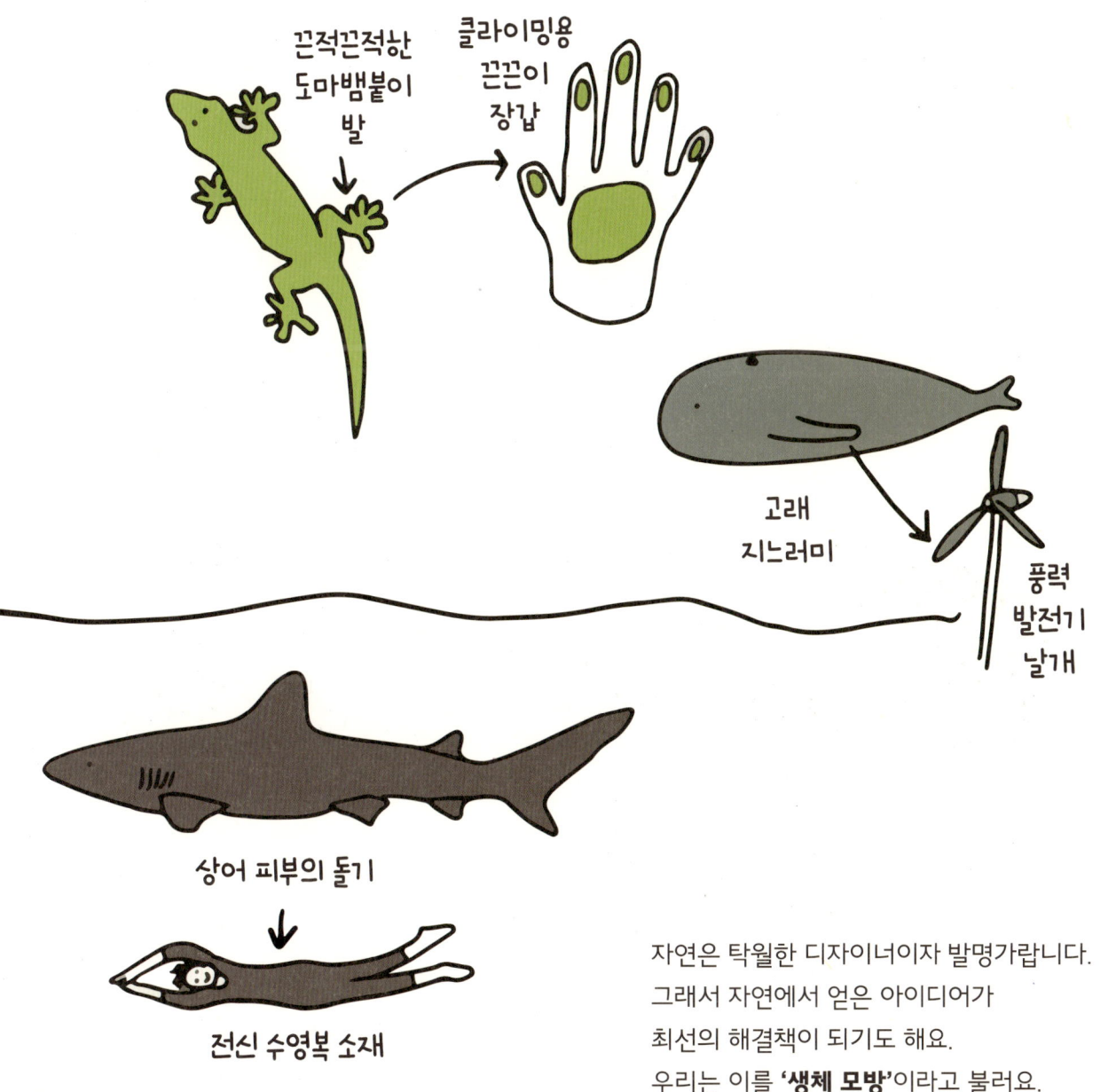

자연은 탁월한 디자이너이자 발명가랍니다.
그래서 자연에서 얻은 아이디어가
최선의 해결책이 되기도 해요.
우리는 이를 '**생체 모방**'이라고 불러요.

지구를 살리는 발명품은 어떻게 만들까요?

여러분은 이 책에서 탐구하고 고민해 볼
멋진 아이디어를 많이 만나게 될 거예요.
지구를 더 나은 곳, 더 푸르른 곳, 더 건강한 곳
그리고 더 재미있는 곳으로 만들 수 있는
기발한 아이디어로 가득하답니다.

에너지! 풍력!

물의 순환!

나무!

친환경! 자연을 사랑해요

리틀 인벤터스의 **수석 발명가 도미닉 윌콕스의** 도움으로…

화분을 심은 우산

비 오는 날을 즐기며 일상에 초록을 더하는 멋진 아이디어가 탄생했어요!

꽃
화분

© Pec studio

수석 발명가 도미닉의 발명 꿀팁!

생각의 흐름을 따라가세요!

1분 동안 생각을 멈춰 보세요.
아마 아주, 매우, 굉장히 어려울 거예요!

우리 뇌는 끊임없이 정보를 받아들이면서,
어떻게 기억하고 다른 지식과 어떻게 연결할지
연구하고 있어요.

그러니 어떤 생각이 떠올랐다면, 여러분의 뇌를 믿고
생각이 이끄는 곳으로 따라가 보세요.

도움이 필요한 사람은 누구인가요?

누구를 위해 발명할지 고민하는 일은
훌륭한 발명의 첫걸음이에요.
그 대상은 가족일 수도 있고, 길에서 마주친 동물일 수도 있어요.
그들이 무엇을 좋아하고 싫어하는지,
어떤 걸 불편하거나 지루하게 느끼는지 떠올려 보세요.
어떻게 하면 그들에게 도움이 될 수 있을까요?

> 발명 아이디어를 littleinventors.org에 올리고 피드백을 받으세요!

세상에 사소한 문제란 없어요!

달팽이가 더 빨리 움직이도록 돕는 방법이나 선인장에 물을 주는 방법, 아니면 무당벌레가 비를 맞지 않도록 돕는 방법은 어때요? 상상력을 사로잡기에 사소한 문제란 없답니다!

한계도 없어요!

물론, 그 반대도 마찬가지예요. 도저히 도전할 수 없는 문제도 없어요! 대기 오염을 줄일 방법을 찾거나, 빠르고 안전하며 환경오염을 발생시키지 않는 이동 방식을 찾고 싶다면 도전해 보세요. 지구를 살리려면 다양한 아이디어가 필요해요!

지금은 불가능해 보여도 가까운 미래에는 현실이 될지도 몰라요.

정해진 틀에서 벗어나 봐요!

새로운 발명품은 기존의 틀을 깨고 다르게 생각하거나 행동할 때 탄생해요. 그러니 정해진 방식 대신, 여러분만의 방식으로 도전해 보세요!

여러분은 어떤 환경 발명가인가요?

내 안에 숨은 환경 발명가의 모습을 찾아봐요.

가장 좋아하는 생물, 곤충, 또는 벌레

가장 좋아하는 자연물 5가지

환경 발명가로 활동할 때 사용할 별명

자기 이름 + 가장 좋아하는 생물/곤충/벌레 + 두 번째로 좋아하는 자연물 등을 연결하거나 섞어서 만들어 보세요.

주변에 보이는 자연물 5가지

자연과 환경에 나쁜
영향을 미치는 것 5가지

자연이나 환경 속에서
도와주고 싶은 대상 5가지

자연을 사랑하는 환경 발명가로서의 준비를
모두 마쳤어요. 이제 지구를 지키기 위한
발명을 시작해 봐요!

3장

하늘을 날고, 바다를 헤엄치고, 땅 위를 기어 다니는…

크고 작고 매력 있는 세상의 모든 생명체들!

여러분이 어디에 있든, 주변에는 늘
살아 숨 쉬는 친구들이 많이 있어요.
땅 위에는 모기를 잡아먹는 거미가 있고,
벽을 따라 신나게 내달리는 다람쥐가 있지요.
연못에는 개구리가, 창문에는 무당벌레가,
머리 위에는 훨훨 날아가는 새가 있어요.

생명은 우리 주변 어디에나 있어요!

세상에 존재하는 곤충, 포유류, 조류,
어류, 파충류, 양서류 등 모든 생명체는
지구가 건강하게 유지되도록 돕고 있어요.

우리만큼이나 중요한 존재들이지요!

신비한 동물의 세계

모든 생명체는 자연이 균형을
유지할 수 있도록 돕고 있어요.
서로 먹고 먹히며, 씨앗과 꽃가루를
퍼뜨리는 방식으로요.
게다가 인간이 한 수 배울 수 있는
근사한 능력도 갖고 있답니다.

박쥐의 날개는
굉장히 유연한 손이에요.
덕분에 새보다도
더 잘 날 수 있어요.
게다가 박쥐는 쥐보다도
인간과 가까운
동물이랍니다!

하이 파이브!

하늘을 날 수 있는
유일한 포유동물

거미는 무려 8가지나 되는 거미줄을 만들 수 있어요.
이렇게 다양한 거미줄로 집을 짓거나 먹이를 사냥하고,
이동하거나 자기를 보호하거나, 곤충을 '낚기'도 하지요!
놀랍게도 거미줄이 철사보다 강할 때도 있답니다.

물고기가 무리를 지어
헤엄치는 건 에너지를
적게 쓰기 위해서예요.
함께 헤엄치면
물고기 사이를 흐르는
물의 움직임에 영향을
줄 수 있거든요.

예전에는 거미줄이
상처를 감싸는 붕대와
그림을 그리는 캔버스의 재료로도
사용되었어요!

바닷새의 똥(조분석)은 해조류가 좋아하는 먹이예요.
해조류는 산호초가 튼튼하게 자라도록 돕는답니다!

다람쥐는 열매를 모아서
종류과 특징에 따라
분류하고 묻어 두어요.
덕분에 겨울 동안 필요한 식량을
쉽게 찾아 먹을 수 있지요.
그런가 하면, 자기 몸길이보다
몇 배나 멀리 뛰어오를 수도
있답니다!

달팽이는 30시간 동안 깨어 있고 15시간 동안 잠을 자요.
하지만 날씨가 너무 춥거나 건조하면,
날씨가 좋아질 때까지 최대 3년까지도 잘 수 있어요!

야생 동물을 지켜야 해

야생 동물은 자연계에서도 중요한 역할을 해요. 포유류, 곤충, 양서류, 조류, 무척추동물들이 번성할수록 지구에게도 좋은 영향을 주지요. 그러니 **야생 동물들을 도울 여러 방법**을 생각해 볼 필요가 있어요.

꽃, 나무, 덤불과 같은 식물은 모두 야생 동물들이 살아가는 집이에요. 번성하면 번성할수록 좋겠지요!

고슴도치가 울타리, 담장, 도로에 가로막혀 이동하는 데 어려움을 겪고 있어요.

아무리 작은 생명체라도 가끔은 목이 말라요.
베란다나 학교 화단에 물을 마실 수 있는 공간을
만들어 준다면 야생 동물들에게 큰 도움이 될 거예요.

마당에 간단한 먹이를 두고 야생 동물을
초대해 보세요! 어떤 동물에게 어떤 음식이 가장 좋을지
미리 알아 둬야겠지요.

가장 쉬우면서도 중요한 건
자연을 있는 그대로 즐기기, 그리고 돕기예요!

우리 모두에게는 쉴 곳이 필요하고…

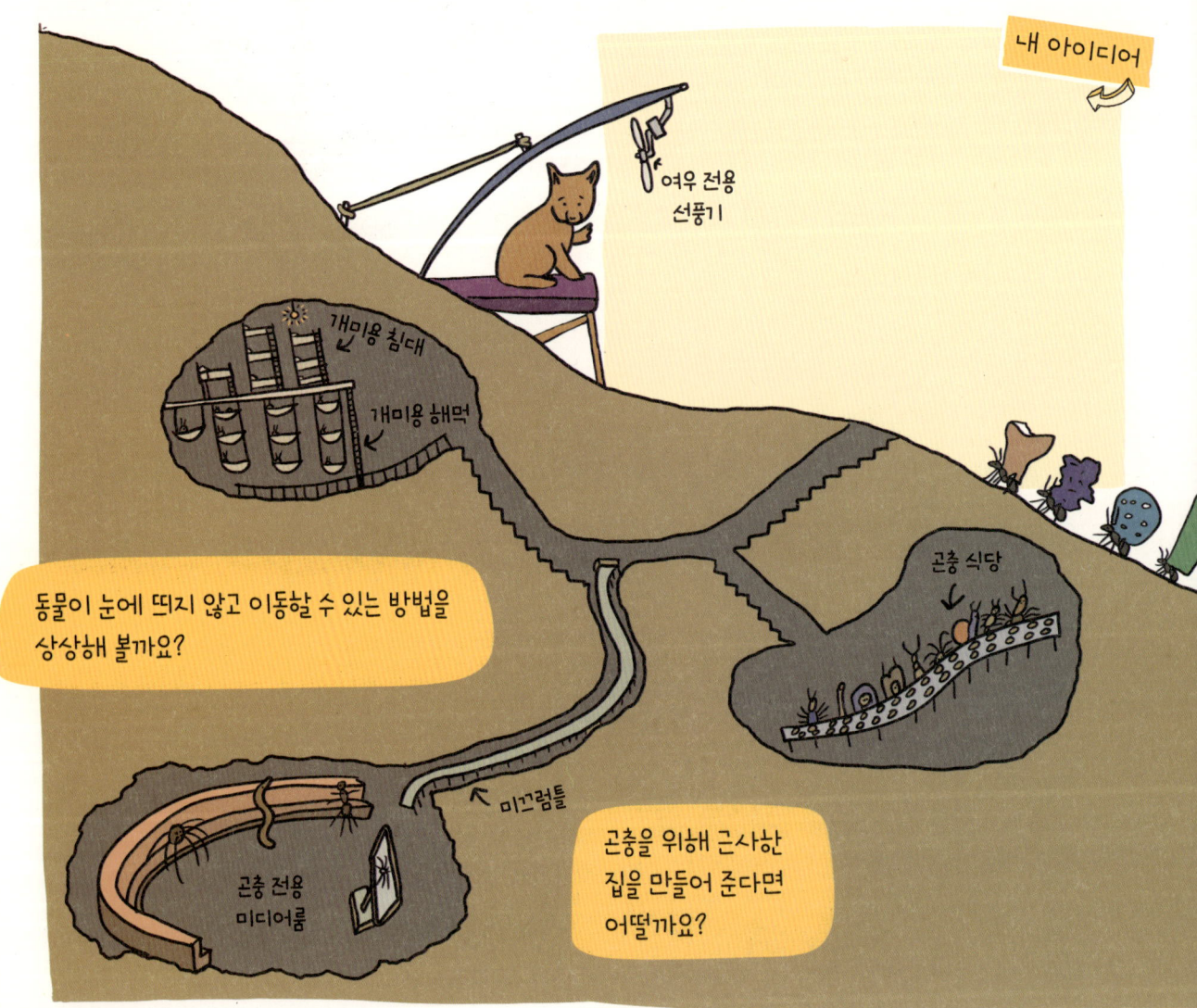

발명품에 생명을 불어넣어요!

어떤 동물을 위해 발명하고 싶은가요? 그 동물은 어디에 살고, 무얼 하고 있나요? 어떤 도움이 필요한지 함께 고민해 봐요.

동물에게 받은 영감

다른 사람이나 동물의 입장이 되어 그들의 눈으로 세상을 바라보세요. 놀라운 일이 펼쳐질 거예요!

이름

작동 원리

크게 그려 봐요. 색칠도 하고 설명도 해 주세요!   littleinventors.org에 여러분의 아이디어를 공유해 주세요!

발명으로 날개를 달아요!

우리는 동물 친구들에게서 많은 걸 배울 수 있어요.
동물은 슈퍼히어로들도 감히 상상하지 못했던 일들을
해낼 수 있어요!

개미, 민달팽이, 무당벌레, 개구리…
운 좋게 만나는 생명체들을 통해 우리는
자연의 천재성*을 엿볼 수 있어요.
그러니 시간을 갖고 천천히 관찰해 보세요.

세상의 크고 작은 모든 생명체들을
돌보고 아끼는 일은 우리가 사는 세상과
그 안의 중요한 균형을 지키는 방법이랍니다.

* 자연이 스스로 창조한 가장 효율적이고 놀라운 방식

어린이 발명가의 아이디어가…
돛을 단 달팽이와 거북

릴로, 7살
스위스, 이베르동레방

달팽이가 더 빨리 움직이게 도와줄 방법을 상상해 본 적 있나요?

릴로의 발명품을 리틀 인벤터스의 **로렌 마틴**이 실제 모형으로 만들었어요. 로렌은 스위스 샹파뉴에 사는 재봉사예요.

... 진짜로 만들어졌어요!

진짜 달팽이도 아니지요.

진짜 거북이 아니에요!

"릴로를 만난 건 행운이었어요! 저는 릴로가 발명품 제작 과정에 적극적으로 참여하기를 바랐어요. 제 경험상, 일단 뭔가를 만들기 시작하면 처음 아이디어가 바뀔 때가 많더라고요. 우리는 아이디어에 대해 의견을 나누고, 재료도 함께 골랐어요. 릴로는 달팽이를 위한 자수 패턴도 디자인했답니다. 함께 라디오 인터뷰도 했는데 정말 특별한 경험이었어요! 꼭 다시 만났으면 좋겠어요. 정말 재능이 넘치는 친구랍니다!"

날 봐요!

© le castrum

4장

아껴 쓰고, 나눠 쓰고, 다시 쓰고, 고쳐 쓰고

쓰레기를 줄여요!

거리를 걷다 보면 놀이터든 어디든,
항상 무언가를 발견하게 돼요.
안타깝지만 자연물이나 생물이 아닌…

이런 것들일 때가 많아요.

우리가 사는 세상에서는 대부분의 물건이
유리, 알루미늄, 종이, 또는 여러 가지 플라스틱으로
포장되고 운반돼요.

쓰레기도 소중한 자원이라고 생각하고
상상력을 조금 발휘한다면,
쉽게 버리곤 했던 쓰레기를 **재활용하거나
그 양을 줄일 방법을 찾을 수 있어요!**

자연에서 왔다고…
꼭 자연으로 돌아가는 건 아니에요.

이런 재료들은 원래 모두 자연에서 왔는데 말이지요.

종이와 종이박스는 나무로 만들어요.

알루미늄은 땅속 암석으로 만들어요.

플라스틱은 원유나 옥수수 같은 식물로 만들어요.

유리는 바닷가에서 볼 수 있는 평범한 모래로 만들어요.

그렇지만 재료를 **처리**하는 방식 때문에 자연으로 돌아갈 수 없어요.

결국 어떻게 될까요?
운이 좋으면 재활용되지만,
대부분은 **쓰레기 매립지에 쌓이거나
바다**로 흘러가게 돼요.

우리는 7주마다
몸무게에 맞먹는 양의
쓰레기를 버리고 있어요.

매립지에 버려진 쓰레기는 땅을 아주 많이 차지해요.
거대한 쓰레기 더미를 이루고 독성이 있을지도 모르는
냄새를 풍기지요!

매립지에 쌓이는 쓰레기를 줄이는 데
재활용은 정말 중요해요. 하지만 쓰레기를
종류별로 분류하기가 어렵고 시간도 오래 걸리지요.
게다가 어떤 쓰레기를 어떻게 분류해야 할지
구분하기가 어려울 수 있어요.

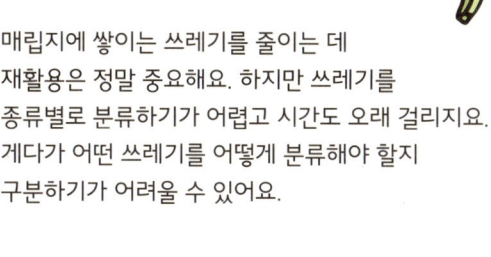

바나나에 관한 말도 안 되는 진실

매년 전 세계에서 생산되는 음식물의
3분의 1가량이 버려져요.
대부분 과일과 채소지만,
빵, 유제품, 탄산음료도 있답니다.
또 바나나 껍질처럼 우리가
먹을 수 없는 부분도 버려지지요.

8톤, 그러니까
8,000킬로그램!

전 세계 사람들은 매일
2억 7,400만 개에 이르는
바나나를 먹고 껍질을
버려요.

하루 동안 버려지는 바나나 껍질의 양은 무려 티라노사우루스
2,055마리의 몸무게를 합친 것과 같아요!
단 하루 만에 말이지요!

1년이면 티라노사우루스 750,075마리의 무게와 맞먹어요!

분해되기까지
최대 2년이 걸려요.

다행히 바나나 껍질 같은 음식물 쓰레기는
재활용할 수 있어요. 예를 들어, 에너지 생산에
사용하거나 비료로 만들어 식량 생산량을 늘리는 데
사용할 수 있지요.

반면, 플라스틱 물병은 분해되려면…,
대략 450년쯤 걸린다고 해요.

물병은 1분에 100만 개씩 버려져요.
티라노사우루스 두 마리 무게만큼이나요!

1시간이면 티라노사우루스 120마리,

하루면 2,880마리,

1년이면 100만 마리 이상의 무게예요.

하지만 1년에 재활용되는 플라스틱의 비율은 겨우 14퍼센트 정도예요. 나머지 플라스틱, 그러니까 어마어마하게 많은 양의 플라스틱이 쓰레기 매립지와 바다에 쌓이고 있다는 뜻이지요!

플라스틱 물병 한 개의 무게를
15그램이라고 가정했어요!

전체 쓰레기의 약 40퍼센트는 종이예요.
만약 종이 1톤을 재활용한다면 나무 17그루를 살릴 수 있어요!

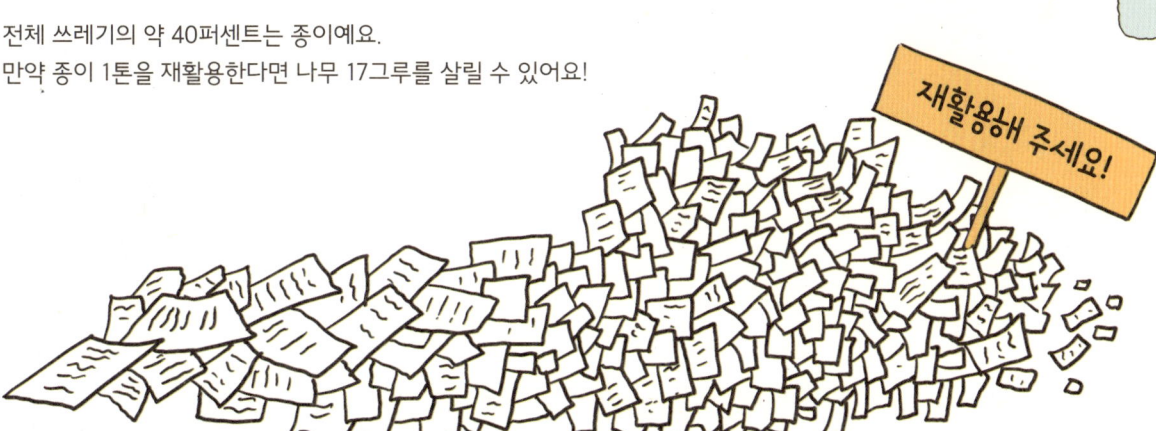

적게 쓰고, 다시 쓰고, 빌려 쓰고, 고쳐 쓰고

우리가 산 **물건의 99퍼센트**는 6개월 안에 쓰레기가 된다고 해요.
재활용한다면 좋겠지만, 현실적으로 재활용되는 쓰레기는 정말 얼마 되지 않아요.

그렇기 때문에 우리는 인공 재료의 사용을 줄이고,
물건을 훨씬 더 많이 재활용할 방법을 찾아야 해요.

먼저 **쇼핑**에서 시작하는 건 어떨까요?
포장이 없거나 적은 제품을 사고, 중고 의류를 사는 거예요.
일회용보다는 다회용 물품을 사고, 필요한 물건은
친구에게 빌려 쓰는 것도 좋아요.

'리페어 카페'가 전 세계
곳곳에 생겨나고 있어요.
망가진 물건을 가져와서
고치는 곳이랍니다!

항상 주변에 있는 자연에서 아이디어를 얻어요.

한 번밖에 안 썼는데 버린 물건들

새들은 재활용 고수랍니다. 온갖 물건을 사용해서 둥지를 만들거든요. 우리는 어떤 물건을 다시 써서 집을 지을 수 있을까요?

문어는 집에서 멀리 나와 있을 때 자기 몸을 지키려고 코코넛 껍데기를 갖고 다니기도 한대요.

우리는 무엇을 갖고 다닐 수 있을까요?

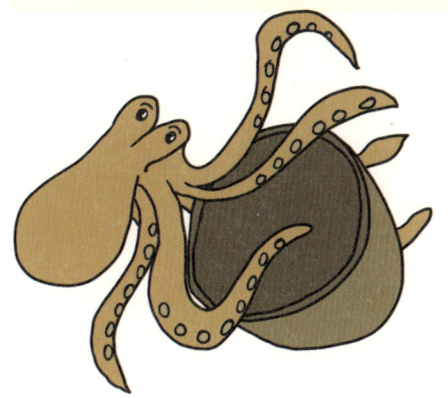

지렁이, 버섯, 달팽이, 미생물은 물질을 분해하며 자연에서 일어나는 재활용 과정을 돕는 재활용 도우미들이에요. 그 과정에서 맛있게 식사도 하지요!

아이디어가 있다고요? 어서 보여 주세요!

물건을 적게 쓰거나, 다시 쓰거나, 재활용할 방법을 생각해 봐요!

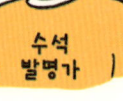

쓰레기에서 얻은 영감

원래 있던 아이디어에 무언가 더할 수도 있고, 아이디어 두 개를 합칠 수도 있어요. 이것도 일종의 재활용이지요!

 이름

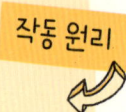 작동 원리

나의 발명품

크게 그려 봐요. 색칠도 하고 설명도 해 주세요! littleinventors.org에 여러분의 아이디어를 공유해 주세요!

'쓸모없는'
쓰레기란
없어요!

쓰레기 문제를 해결하는 데 우리 모두가
참여해야 해요. 그래야 지구를 더 나은 곳으로
만들 수 있어요.

쓰레기는 에너지를 생산하는 데 쓰이거나
더 가치 있는 방식으로 재활용될 수 있어요.
어쩌면 미래에는 쓰레기 자체가 없는 세상이
올지도 모르지요. 과학자들이 환경친화적인
신소재를 개발하고 플라스틱이나 다른 쓰레기를
분해하는 기술을 개발한다면 말이에요.

하지만 그때까지는 쓰레기 문제를 해결하기 위한
기발한 아이디어가 꼭 필요해요.
우선 쓰레기를 덜 만드는 방법, 다음으로는
남은 쓰레기를 처리하는 좋은 방법 말이지요!

어린이 발명가의 아이디어가…

알람이 울리는 과일 컵

루만, 11살
영국, 그래츠비

과일을 실온에 너무 오래 두면 말랑말랑해지거나 주름지곤 했지요? 이제 그런 일은 없을 거예요!

"제 발명품은 음식이 상하기 전에 먹을 수 있도록 도와주는 기계예요. 음식을 컵에 넣고 유효 기간을 설정하면, 이틀 전에 알람이 울려요. 미리 알려 주기 때문에 먹을 시간이 충분할 거예요."

루만의 아이디어는 리틀 인벤터스에서 주최한 **음식물 쓰레기 줄이기** 챌린지에서 상을 받았답니다!

… 진짜로 만들어졌어요!

루만의 아이디어는 리틀 인벤터스의 수석 발명가 **도미닉 윌콕스**와 도예가 **도나스 피터슨**이 실제 작품으로 제작했어요. 도미닉은 이 작품에 대해 이렇게 말했어요.

"알람이 울리는 과일 컵에는 공기가 잘 순환하도록 구멍이 뚫린 받침대가 들어 있어요. 이 받침대 위에 과일을 올려 두면 신선하게 보관할 수 있어요. 또 과일 컵 안에 애플리케이션이 내장된 기기가 있어서 과일이 상할 것 같은 날짜를 입력할 수 있지요. 효과가 만점일 거예요. 정말 기발하지 않나요?"

5장

동서남북, 멀리 또 가까이

어디든
마음대로 떠나요

그 무엇도
우리를 막을 순 없어요!

걷고, 달리고, 운전하고, 자전거를 타고,
스쿠터를 타고, 요트를 타고, 날아가고…
사람들은 가만히 있지를 못하는 것 같아요!

우리에게 튼튼한 두 다리가 있지만, 어디든 가려면
약간의 도움이 필요할 때가 있어요.

매일 학교나 직장,
가게에 가기도 하지요.

우리는 가족이나 친구들을
만나러 가기도 하고,

물건을 사러 가기도 하고요!

놀러 가기도 하고

휴가를 가기도 하고

새로운 곳을 탐험하러 떠나기도 해요.

인간의 이동 방식은

정말 중요해요. 환경에 큰 영향을 미치거든요.

바다 위에는 거의 100,000척이나 되는 상선*이 있어요.

크루즈선은 300척 넘게 있는데, 크루즈선 한 척이 내뿜는 오염 물질은 자동차 백만 대가 뿜어내는 오염 물질에 맞먹어요.

기차는 다른 어떤 이동 수단보다도 많은 승객을 이동시킬 수 있어요.

기차는 경유나 전기를 연료로 사용해요. 지하철은 모두 전기로 움직이지요.

자동차 매연은 전 세계 대기 오염의 주범이에요.

자동차들은 거의 대부분의 시간(95퍼센트) 동안 주차되어 있어요.

하지만 두 다리로 걸어 다니면 주변 풍경을 즐길 수 있어요.

가장 친환경적이고, 건강에 좋고, 저렴한 이동 방식이지요.

* 여객선, 화물선 등 상업상의 목적으로 사용되는 배

요트나 돛단배는 거의 환경을 오염시키지 않아요.

전 세계적으로 어느 순간에나 10,000대 가까운 비행기가 하늘을 날고 있답니다.

우리가 자동차로 이동하는 거리는 평균 20킬로미터 미만이에요. 보통 다른 사람을 태우지 않고 운전자 한 명만 이동하지요.

미래의 자동차는 직접 운전하지 않아도 될 거예요.

수석 발명가가 발명한 스테인드글라스 무인 자동차

자전거를 타면 걸을 때보다 3배 빠르게 이동할 수 있어요.

중간에 단 한 번도 쉬지 않고 걸으면 346일 만에 지구 한 바퀴를 돌 수 있다고 해요.

미래의 이동 수단을 상상해 봐요!

자연에서 영감을 받아서 만들어진 이동 수단은 이미 많아요.

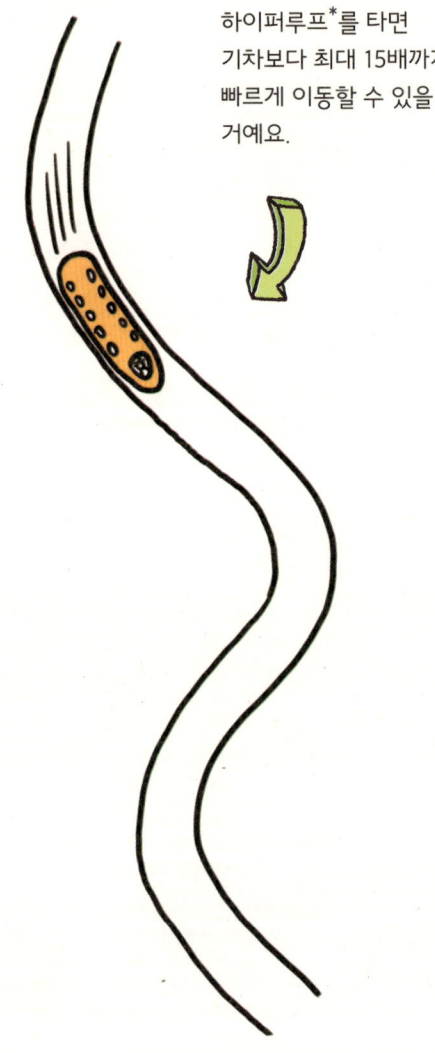

하이퍼루프*를 타면 기차보다 최대 15배까지 빠르게 이동할 수 있을 거예요.

자동차는 앞으로 수소, 증기 또는 차에서 발생하는 운동 에너지로 움직이게 될지도 몰라요!

한 가지 확실한 건, 가까운 미래에는 친환경 에너지를 사용할 거라는 사실이에요.

* 진공 튜브 안에서 자동차를 이동시키는 미래형 교통수단

또 어떤 동물이 미래의 발명품에 영감을 줄 수 있을까요?

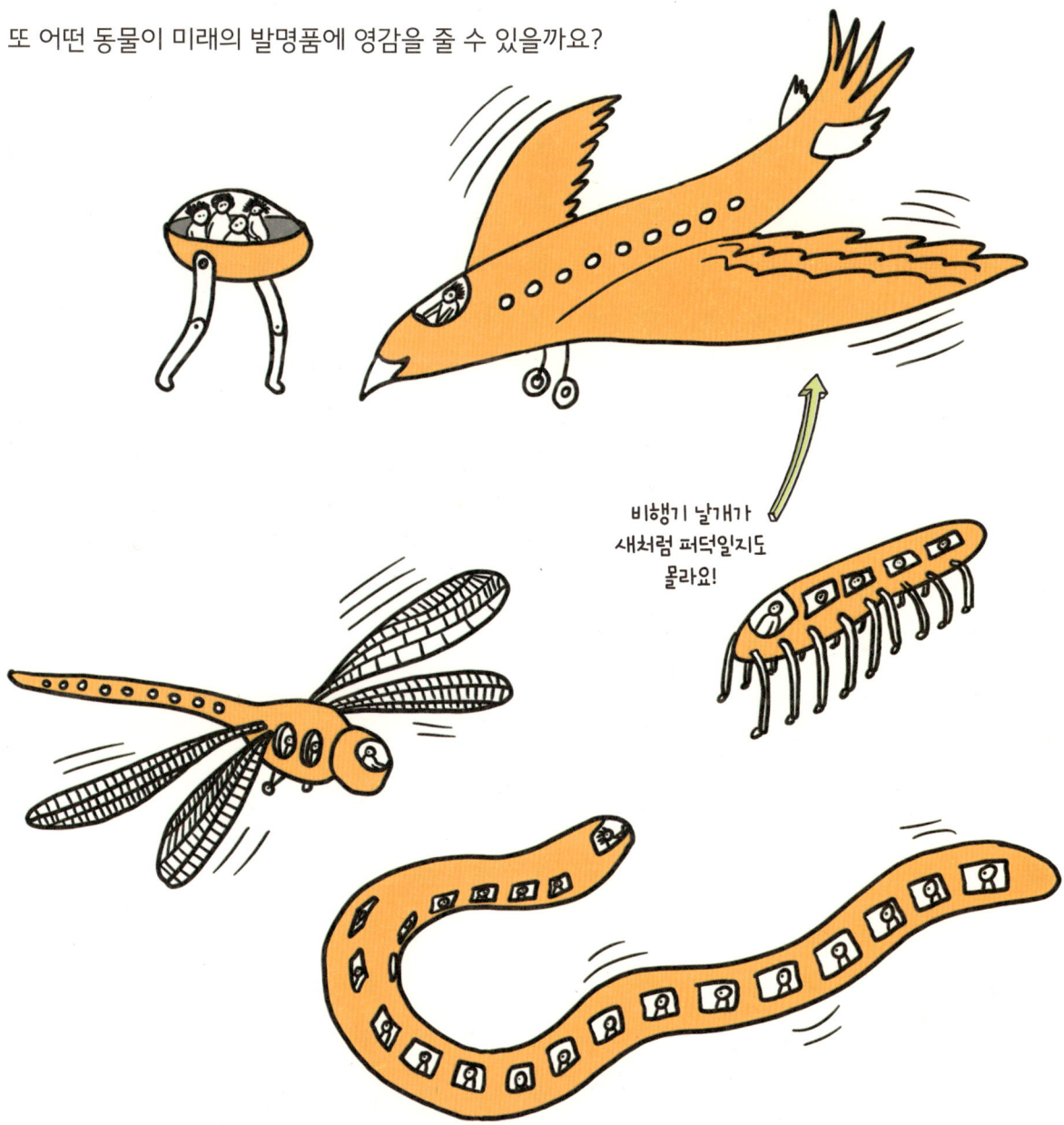

비행기 날개가 새처럼 퍼덕일지도 몰라요!

깊은 강 속으로,
높은 산 정상으로

어떻게 가는지도 중요하지만, 어디로 가느냐도 중요하겠지요?
앞으로 떠날 모험을 준비하면서
이런 질문도 해 보는 건 어때요?

꼭대기까지 어떻게 올라갈 수 있을까요?

물속 깊이 내려가는 방법엔 무엇이 있을까요?

어떻게 하면 하늘 높이 올라갈 수 있을까요?

많은 사람들과 함께 이동할 방법은요?

발명 아이디어, 출발합니다!

우리는 언제나 이곳저곳으로 여행하고 싶어 해요. 그래서 자연과 환경에 해를 끼치지 않으면서 이동할 수 있는 방법을 찾아야 해요. 가고 싶은 곳을 생각해 보세요. 누구와 함께 떠날 건가요?

홀가분한 마음으로 출발해요. 아무런 제한이나 제약 없이, 상상력이 이끄는 대로 떠나요!

이동에서 얻은 영감

  이름

 작동 원리

나의 발명품

크게 그려 봐요. 색칠도 하고 설명도 해 주세요!   littleinventors.org에 여러분의 아이디어를 공유해 주세요!

발길
닿는 곳이면
어디든!

우리는 일상 속에서
크고 작게 이동할 일이 많아요.
이동은 삶의 방식이자, 세상의 일부가 되는
과정이에요.

이동하면서 새로운 것을 발견하고
지구의 소중함을 깨달을 수 있어요.
하지만 꼭 환경을 **존중**하는 방법으로
이동해야 해요!

어린이 발명가의 아이디어가…
기적의 휠체어

사힐라, 12살
아랍에미리트, 샤르자

보세요! 상상력으로 진짜 날개를 얻을 수 있다고 했지요?

"제 발명품은 날개가 달린 휠체어예요. 사람이 많은 곳이나 자동차 안, 계단이나 버스에서도 날아오를 수 있어요."

"움직이기 어려운 사람들도 쉽게 이동할 수 있어요."

사힐라는 어린이들의 작품을 전시하는 국제 대회인 제6회 샤르자 어린이 비엔날레의 **상상한 만큼 커지는 미래 챌린지**에서 상을 받았어요.

… 진짜로 만들어졌어요!

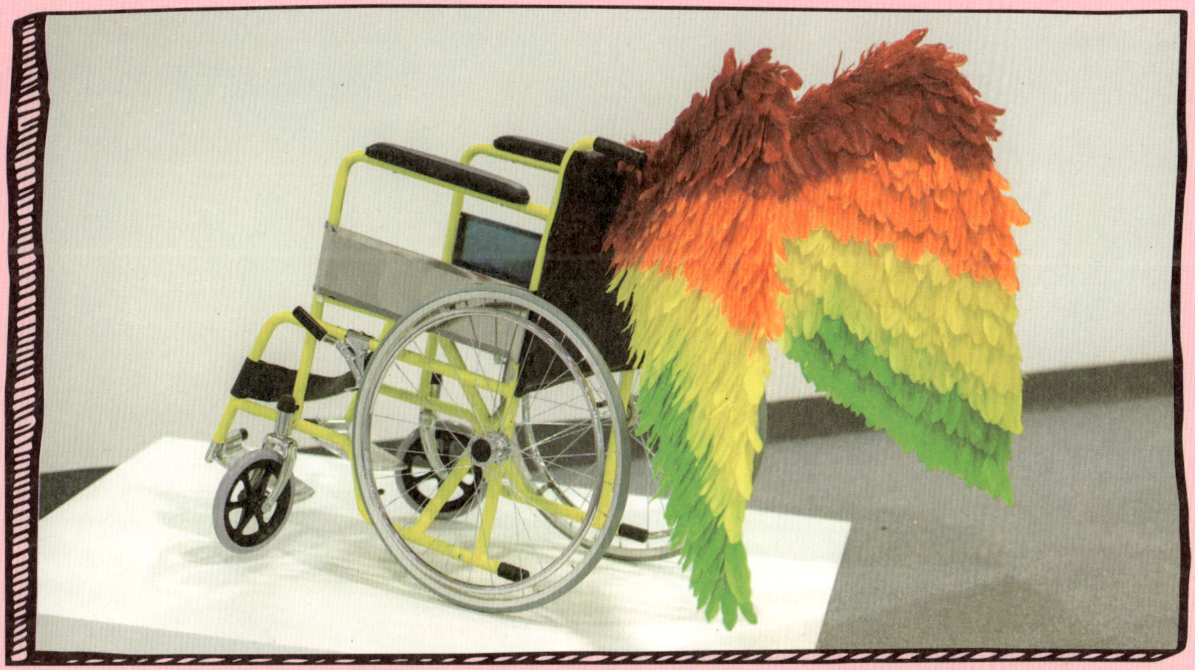

사힐라가 생각해 낸 휠체어는 아랍에미리트의 아티스트 **사라 알라그루비**가 실제로 만들었어요.

"저는 '기적의 휠체어'를 보고 우리가 당연하게 여겼던 것들을 다시 생각하게 되었어요. 우리는 걸을 수 있는 능력을 당연한 걸로 여길 때가 많지요. 사힐라의 아이디어에서 몸이 불편한 사람들에 대한 공감 능력과 배려를 느낄 수 있었어요. 이 휠체어는 거침없이 상상력을 발휘하는 친구들을 상징하는 작품이에요!"

"작품은 실제 휠체어로 만들었고, 직접 손바느질로 만든 거대하고 알록달록한 날개를 붙였어요. 굉장히 즐거운 작업이었고, 작품을 보는 누구라도 날개를 펼쳐 날아오르고 싶어질 거라 생각해요."

6장

아이디어 폭발!

에너지 폭발!

과학자들은 한목소리로 말해요

우리가 에너지를 생산하고 사용하는 방식이
지구를 오염시키는 가장 큰 원인이래요.
기후 변화를 일으키는 주범이기도 하고요.

지구를 잘 돌보려면, 나아가 이미 지구가 입은 피해를 되돌리려면
우리 삶의 방식을 바꿔야만 해요.

여러분이 어른이 될 때쯤이면 이건 정말 중요한 문제가 될 거예요.
하지만 에너지를 똑똑하게 사용하는 발명가가 되는 건 어른이 될 때까지
기다릴 필요가 없어요.

어린이 여러분, **에너지를 더 잘 쓸 수 있는 방법**을 보여 주세요!

에너지가 세상을 움직여요

자동차나 비행기는 움직일 때 에너지를 사용해요.
방에서 불을 켤 때도 에너지를 쓰지요.

인간은 움직이고, 숨 쉬고, 놀고, 생각하고,
체온을 유지할 때 에너지를 사용해요.
이때 필요한 에너지는 음식을 통해서 얻지요.

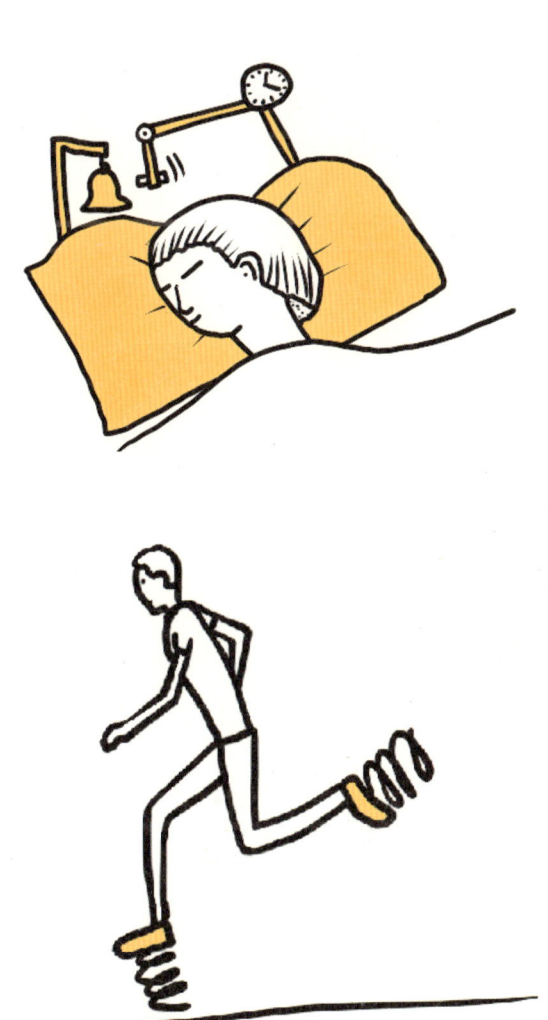

에너지는 인간과 세상을 움직이는 모든 것이라고
할 수 있어요!

인간은 예로부터 자연을 활용해
에너지를 생산해 왔어요.

1800년 이전에는 지금보다
훨씬 자연에 가까운 방식으로 살았어요.
나무 같은 자연 재료를 태우거나,
바람의 힘을 이용하거나,
사람의 힘을 이용해서 에너지를 생산했지요!

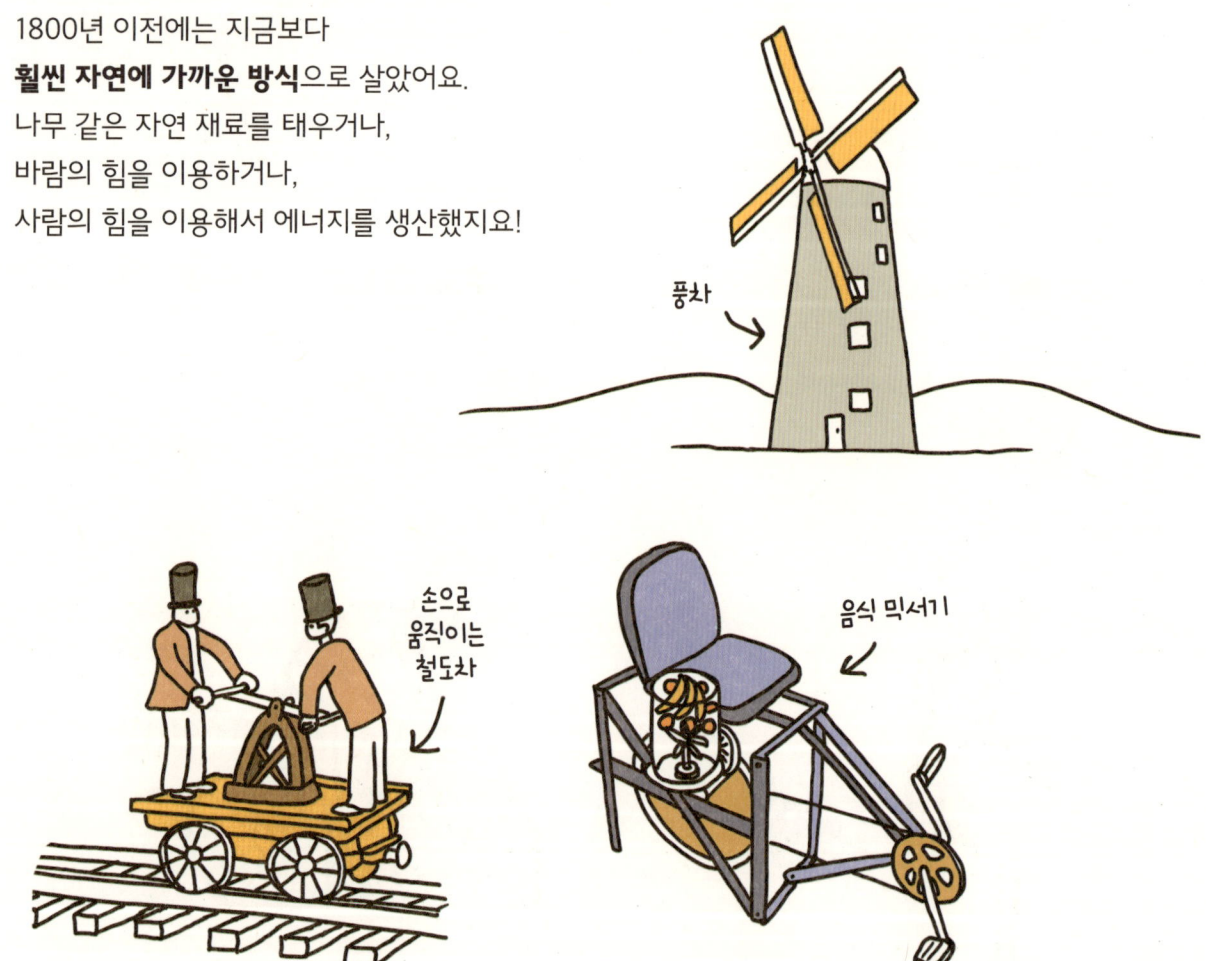

풍차

손으로
움직이는
철도차

음식 믹서기

하지만 지난 200년 동안 세상은 크게 변했어요.
에너지를 생산하고 사용하는 방법이 발전했고,
새로운 소재와 기술도 끊임없이 등장했지요.

문제는 아직도 화석 연료 같은
재생 불가능한 에너지원이 다른 에너지원보다
훨씬 더 많이 사용되고 있다는 거예요.

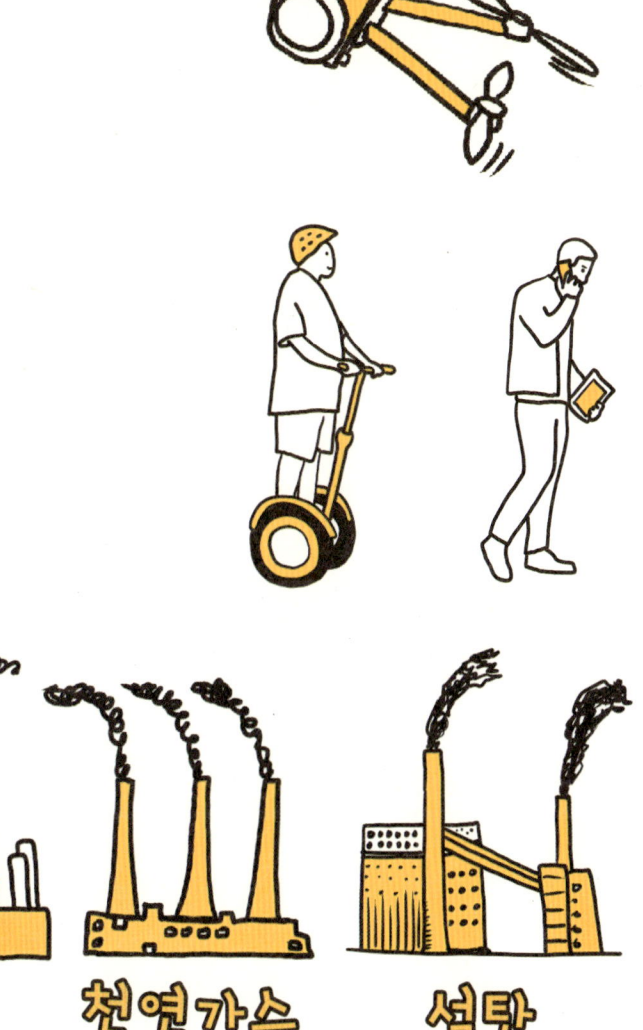

화석 연료는
석유, 천연가스, 석탄처럼
수억 년 전에 살았던
동식물의 잔해에서 만들어진
에너지원이에요!

석유   천연가스   석탄

미래의 에너지 문제를 해결하려면
에너지 생산과 사용 방식을 완전히 바꿔야 해요.
다음과 같은 **재생 에너지**를 사용하는 방식으로요!

태양, 수력, 풍력, 거기에 운동 에너지까지!
여러분도 에너지를 생산하거나 절약할 수 있는 방법을 상상해 볼까요?

어떻게 움직이면 좋을까요?

우리의 일상적인 활동을 어떻게 바꿀 수 있을까요?

재생 에너지를 다르게 사용할 수 있는 방법을 상상해 볼까요?

발명 스위치를 켤 시간이에요!

자, 이제 아이디어 공장을 가동해서 미래의 에너지 문제를 똑똑하게 해결할 방법을 찾아 봐요!

햄스터의 운동 에너지를 이용한 헤어드라이어

수석 발명가

에너지에서 얻은 영감

때로는 가장 단순한 아이디어가 가장 뛰어난 아이디어일 때가 있어요.

주변을 관찰하고 영감을 얻으세요!

이름

작동 원리

크게 그려 봐요. 색칠도 하고 설명도 해 주세요! littleinventors.org에 여러분의 아이디어를 공유해 주세요!

에너지가
넘치는
발명가군요!

환경을 살리기 위해 할 수 있는 일들은 많아요.
하지만 기후 변화 문제를 해결하기 위해
정말 중요한 건 **에너지를 생산하고, 사용하고,
저장하고, 폐기하는 방식을 바꾸는 거**예요.

아주 어려운 문제지만,
지구의 미래에 엄청난 변화를 불러올 수 있어요.
올바른 방향으로 가기만 한다면
아주 작은 발걸음도 큰 변화로 이어질 수 있지요.
그러니 함께 한 걸음 내디뎌 봐요!

어린이 발명가의 아이디어가…
에너지 그물 101

오팔, 12살
캐나다, 햄스테드

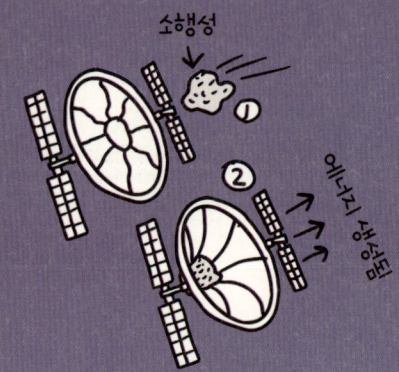

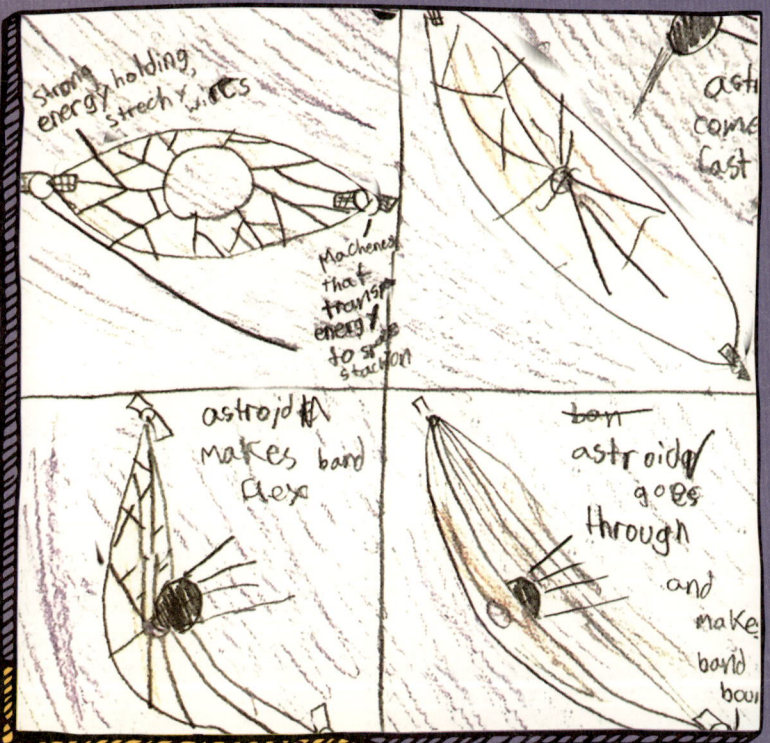

자연의 에너지를 이용할 수 있는 방법이 정말 많아요. 진짜 천상계 에너지일 수도 있지요!

"에너지 그물101은 잘 늘어나는 철사로 만들었어요. 그물 중앙에는 구멍이 있는데, 소행성이 그물에 부딪히면 이 구멍을 통과하려 할 거예요. 소행성이 구멍을 빠져나가면, 그물이 제자리로 튕겨 돌아오면서 에너지가 만들어져요. 이렇게 만들어진 에너지는 철사를 따라 우주 정거장으로 보내지지요."

영국 뉴캐슬에 사는 애니메이터 **클로이 로드햄**이 에너지 그물 101을 모형과 애니메이션으로 제작했어요.

… 진짜로 만들어졌어요!

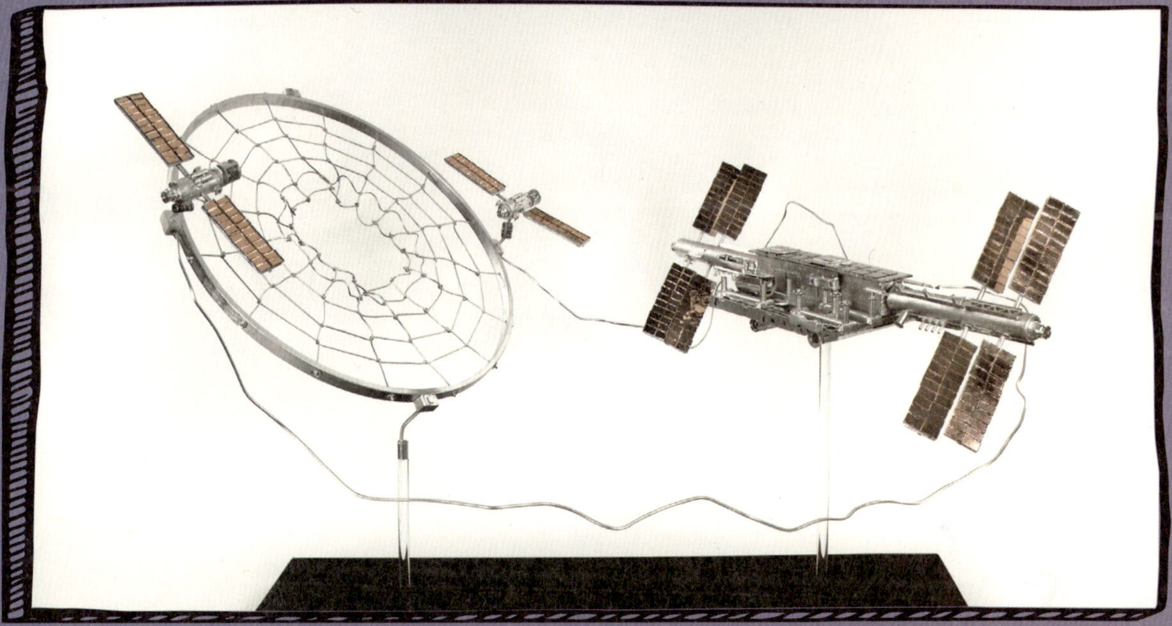

"이런저런 작은 조각들을 모아서 에너지 그물을 만들었어요. 전체적인 모양은 자수틀을 이용해 둥글게 만들고, 태양광 패널은 모자이크 타일로 만들었지요. 그리고 스톱 모션 애니메이션을 이용해 영상을 만들었어요. 모형을 아주 조금씩 움직이면서 사진을 찍고, 사진들을 이어 붙이는 방식으로요."

"오팔이 캐나다에 살고 있어서 메신저 프로그램을 통해 대화를 나눴어요. 오팔이 애니메이션에 들어갈 음성을 녹음해 줘서 애니메이션이 더욱 특별해졌답니다!"

7장

올라가고 내려오고…

신비한 물의 순환

우리는 늘 머리 위에서 일어나는 일들에
마음을 빼앗겨요.

하늘에선 **불가능해 보이는 일들**이 펼쳐지지요.
새들이 유유히 하늘을 나는가 하면, 북쪽 하늘에서는
오로라가 눈부시게 빛나요. 아침엔 태양이 빛을 내며 떠오르고,
한밤에는 무수히 많은 별들이 머리 위를 수놓지요.
하늘은 지구상에서 가장 화려한 쇼가 펼쳐지는 곳이에요!

그리고 당연한 얘기지만, 하늘의 역할은 그게 전부가 아니랍니다.

비, 구름, 눈, 바람 등 하늘에서 일어나는 여러 현상들은 **사실 물이 순환되는 과정**의 일부예요. 물이 스스로 재활용되는 과정이지요. 이 과정은 무려 40억 년 전부터 계속되어 왔답니다!

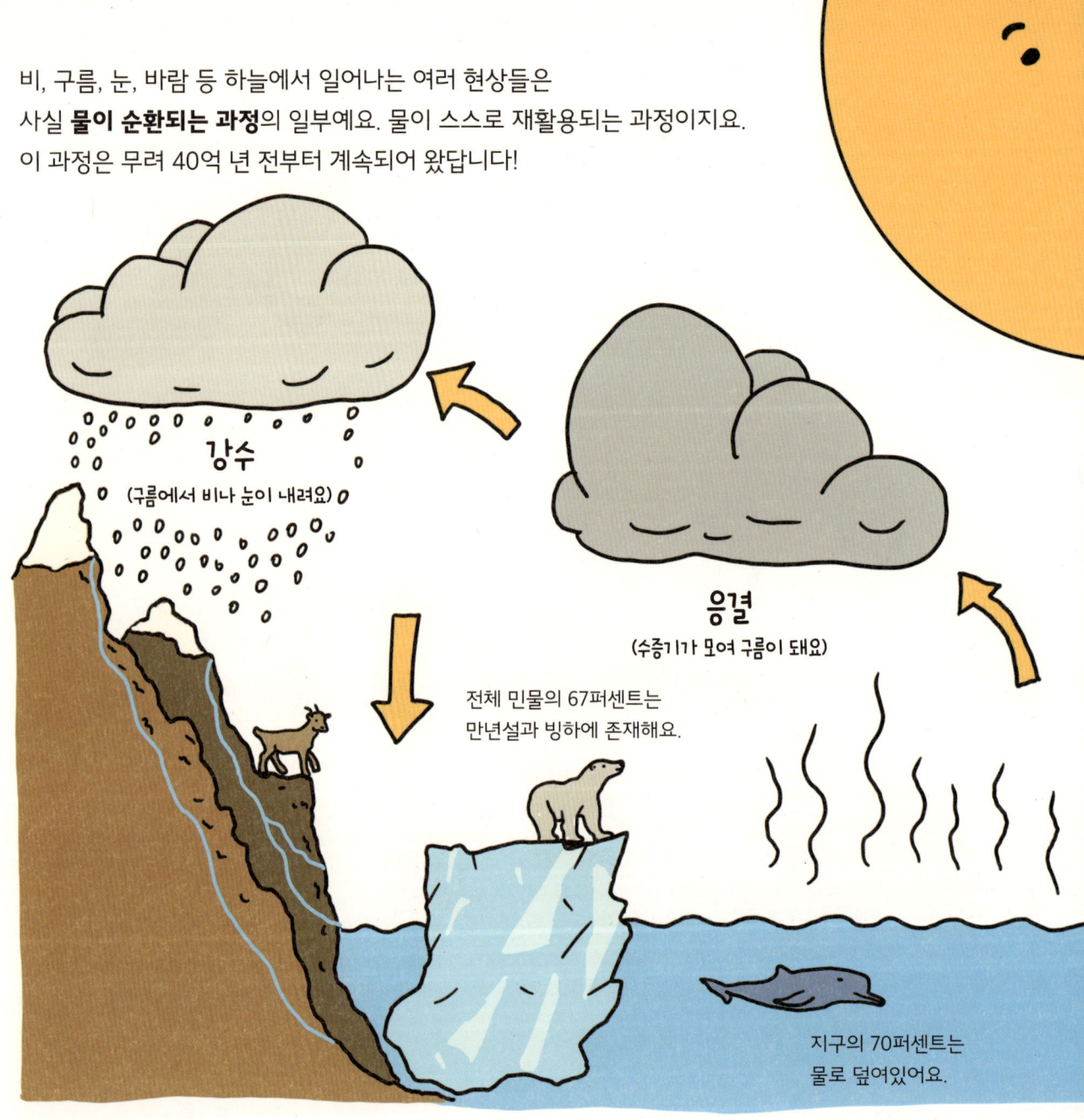

강수
(구름에서 비나 눈이 내려요)

응결
(수증기가 모여 구름이 돼요)

전체 민물의 67퍼센트는 만년설과 빙하에 존재해요.

지구의 70퍼센트는 물로 덮여있어요.

지구가 뜨거워지고 있어요!

인간의 활동 때문에
지구 온난화 속도가 빨라지고 있어요.
이로 인해 전 세계 기후에 큰 변화가 생기고,
지금 날씨에도 영향을 미치고 있어요.

지구 곳곳의 기온이 높아지면서
물의 순환과 자연계의 균형 모두에
심각한 영향을 미치고 있지요.

또한 바다와 대기의 온도가 높아지면서
물의 증발 속도가 빨라지고, 구름은
더 많은 수분을 머금게 되었어요.

그 결과 비가 내리는 횟수는 줄어들지만,
한 번에 내리는 비의 양은 훨씬 더 많아져요.

비가 규칙적으로 내리면 빗물은
땅속으로 스며들어 강으로 천천히 흘러가요.
하지만 비가 오는 횟수가 줄어들면,
땅이 건조하고 단단해지기 때문에
폭우가 땅에 스며들지 못하고
곧바로 강으로 흘러가 **홍수**를 일으킬 수 있어요.
나무, 식물, 풀이 건조해지면
산불이 날 위험도 높아지지요.

매우 건조한 땅

바다가 따뜻해지면
폭풍을 일으키는 에너지가 강해져
사이클론, 허리케인, 태풍이 더 자주 발생해요.

지구 온난화로 **빙하**도 점점 녹고 있어요.
빙하가 녹는다는 것은 해수면이 점점 높아지고
우리에게 소중한 민물이 사라지고 있다는
뜻이에요. 게다가 녹은 빙하가 다시 얼기까지는
아주 오랜 시간이 걸린답니다.

허리케인

녹고 있는 빙하

지구의 온도를 되돌릴 시간!

어떻게 하면 지구의 온도를 낮출 수 있을까요?

민물을 보존하고 더 많이 모을 수 있는 방법이 있을까요?

공기 속 수분을 응축시켜요

깨끗한 물

물 저장고

워터시어는 공기 중에서 물을 직접 추출하는 발명품이랍니다.

어떻게 하면 생활 속에서 물을 아낄 수 있을까요?

하루에 두 번, 양치를 하는 2분 동안 흘려보내는 물의 양은 총 24리터나 된답니다!

허리케인이 가진 강력한 에너지는 전 세계가 하루에 사용하는 전기량의 200배에 달해요.

기상 현상을 이용해서 지구를 살릴 수는 없을까요?

지구를 식히기 위한 따끈따끈한 아이디어는?

우리가 머리를 쓰는 속도만큼 빙하가 녹는 속도를 늦출 수 있을지도 몰라요!

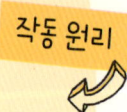

발명할 때는 어떤 제한도 두지 마세요. 생각이 자유롭게 이어지도록 놔두고 영감을 따라가 보세요. 모든 게 아주 순조로울 거예요!

기상 현상에서 얻은 영감

이름

작동 원리

크게 그려 봐요. 색칠도 하고 설명도 해 주세요!   littleinventors.org에 여러분의 아이디어를 공유해 주세요!

여기서
제일 쿨한
사람이
누구지요?

날씨와 그에 영향을 미치는 요소를 잘 알면
더 많은 변화를 이끌어낼 수 있어요.
매일 작은 습관을 바꾸는 것부터,
세상을 바꿀 놀라운 아이디어를 떠올리는 것까지
모두 말이에요.

그러니 이제 날씨 이야기를 할 때는
어떤 옷을 입을지 고민하거나,
기분이 어떤지 말하는 데서 멈추지 말고,
한 걸음 더 나아가 생각해 보기로 해요!

어떤 날씨든, 근사한 지구에 살고 있는 우리가
얼마나 운이 좋은지 깨닫게 해 주니까요.

어린이 발명가의 아이디어가…
우산 정수기

미쉘, 11살
캐나다, 핼리팩스

비가 막 쏟아질 때가 있잖아요. 깨끗한 물로 바꿀 수 있다면 좋지 않을까요?

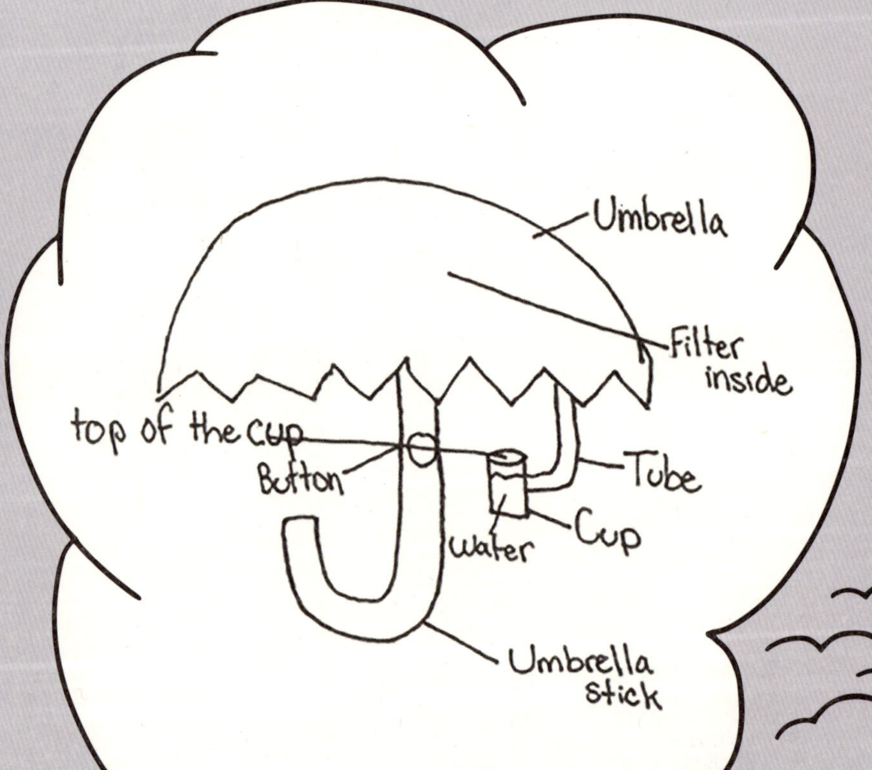

"저는 안쪽에 필터가 달린 우산을 발명했어요. 이 필터는 빗물을 마실 수 있는 물로 바꿔 줘요. 물을 마시고 싶을 때 우산대에 있는 버튼을 누르면, 빗물이 필터를 통과해서 마실 수 있는 물이 되고, 튜브를 통해 빨대가 있는 컵 안으로 떨어져요."

우산 정수기는 **핼리팩스 메이커 스페이스**에서 직접 제작했어요.

… 진짜로 만들어졌어요!

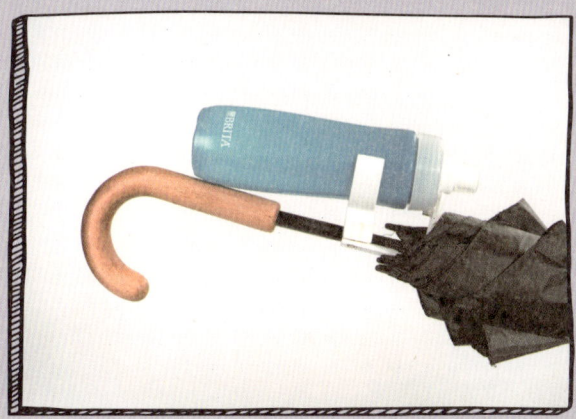

"저희는 이 우산이 점점 더 심각해지는 플라스틱 물병 쓰레기 문제를 해결할 멋진 아이디어라고 생각했어요. 버려지는 물병이 어마어마하잖아요. 특히, 현재의 문제를 해결하는 방식이 과거에 물 부족을 해결하기 위해 사용했던 빗물 저장통을 떠올리게 한다는 점이 특히 좋았어요."

"미첼의 기발한 아이디어를 실물로 제작하기 위해서 3D 디자인, 3D 프린팅, 바느질, 목공 등과 같은 다양한 재료와 기술을 동원했답니다."

| 8장 |

나무의 축복이 함께 하기를

아낌없이 주는 나무

자연의 슈퍼히어로!

지구에는 3조 그루가 넘는 나무들이 있어요.
종류는 60,000종이나 되지요. 색상도, 향기도, 모양도
놀랄 만큼 다양하답니다.

나무는 몇백 년 동안이나 자랄 수 있어요! 아마 그 덕분에
더 지혜롭고, 강인하고, 믿음직스러운 건지도 몰라요.
마치 오랫동안 안 친구처럼 느껴지기도 하지요.
우리는 나무 그늘을 사랑하고 나무가 있는 조용한 풍경을 좋아해요.
나뭇가지를 타고 놀기도 하고요.
하지만 알고 보면 나무는 훨씬 더 많은 역할을 하고 있어요.

나무들은 항상, 정말 열심히 일해요! 공기를 깨끗하게 만들어 주고,
햇빛, 비, 바람에서 우리를 보호해 줘요. 또 새, 곤충, 다른 동물들에게는
보금자리가 되고, 우리에게도 필요한 자원을 주지요.

지구 환경을 지키는 나무의 역할은
그 어느 때보다도 중요해지고 있어요.

나무에 관한 놀라운 사실

새를 부르는 마법

빈 공간에 나무 한 그루만 심어도
80종이 넘는 서로 다른 새가 찾아온대요.
그전에는 한 마리조차 오지 않았어도요!

수명이 가장 길어요

세상에서 가장 오래된 나무는 미국
캘리포니아주에 있는 므두셀라 나무예요.
나이가 무려 4,800살이래요!

고대 이집트에서 피라미드를 지을 때,
므두셀라 나무는 이미 300살이었어요!

나무 의사 선생님?

커다란 나무 한 그루는 하루에 사람 네 명이 마시기에 충분한 양의 산소를 만들어요. 스코틀랜드에서는 환자들의 빠른 회복을 위해 '숲속 산책'을 처방하기도 한대요.

레오나르도 다빈치는 나무의 모든 가지를 합치면 몸통의 굵기와 같다는 것을 발견했어요!

나무는 뭐든지 될 수 있어요!

과일부터 메이플 시럽까지, 고무에서 진짜 목재까지, 나무에서 얻을 수 있는 건 무궁무진해요. 나무로 고무줄, 가구, 립스틱, 약, 수건, 그리고 물론 종이까지 만들 수 있지요.

소중한 나무, 못 잃어!

도시가 커지고
인간이 필요로 하는 식량의 양이 늘어나면서
숲이 **파괴되고** 있어요.
목재를 얻고, 작물을 키울 땅을 얻거나
가축을 기르기 위해서지요.

현재 육지의 약 30퍼센트가 숲으로 덮여 있지만,
이는 예전에 비해 절반이나 줄어든 수치랍니다.
앞으로 100년 이내에, 열대 우림이
완전히 사라질 거라는 예측도 있어요.

째깍.
바로 지금도 축구 경기장만 한 숲이
1초마다 1개씩 사라지고 있어요!

아마존은 지구상에서 가장 큰 열대 우림 지역이에요. 열대 우림은 이산화탄소를 흡수하기 때문에, 지구의 기후를 조절하려면 반드시 있어야만 해요.

열대 우림에는 수백만 종의 동식물이 살고 있는데, 열대 우림이 사라지면서 멸종 위기에 처해 있어요.

나무를 많이 심어서 지구를 지키는 건 기후 변화에 맞서는 가장 단순하면서도 좋은 방법이에요.

나무들의 놀라운 아이디어!

나무는 알고 보면 놀랄 만큼 창의적이에요.

나무들도 대화를 해요

나무들은 뿌리를 통해 땅속에 신기한 연결망을 형성하는데, 이 연결망은 버섯과에 속하는 특별한 종류의 균사체로 이루어져 있어요. **'우드 와이드 웹'**이라고 불리지요.

나무들은 거대한 숲속 가족처럼 서로를 돌보아요!

맹그로브 나무는 땅과 물 모두에서 살 수 있는 특별한 나무예요. 바다와 땅의 경계에서 살기 때문에 새와 게 모두에게 집이 될 수 있어요!

뭐 좀 먹을래?

그래! 여기로 좀 보내줘!

거대한 아프리카 바오바브나무는 높이 30미터, 둘레 50미터까지 자랄 수 있어요! **'물병 나무'**나 **'생명의 나무'**라고 불리기도 하는데, 나무 안에 무려 120,000리터의 물을 저장할 수 있기 때문이에요!

도시에 나무와 식물을
가득 채워 주세요!

발명 나무를 키워 볼까요?

나무에 대해 배운 점들을 떠올리고, 우리 일상에서 나무를 더 가까이하는 방법을 고민하며 발명의 영감을 얻을 수 있어요. 아니면 나무를 쓰지 않고 물건을 만드는 새로운 방법을 생각해 볼 수도 있겠지요.
마음껏 상상해 보세요!

나무에게 받은 영감

> 아이디어는 시간이 지나면서 자라나요. 나무처럼요! 아이디어를 적어두고 나중에 다시 살펴보면, 생각이 얼마나 달라졌는지 알 수 있을 거예요!

  이름

 작동 원리

크게 그려 봐요. 색칠도 하고 설명도 해 주세요! littleinventors.org에 여러분의 아이디어를 공유해 주세요!

나무 나무 굉장해!
나무의
모든 걸 아는
전문가군요!

나무에서 얻을 수 있는 아이디어는 정말 많아요.
나무가 우리와 지구를 어떻게 **돌봐 주는지**,
우리가 나무들과 어떻게 함께 살아가는지,
그리고 나무로 무엇을 만드는지가 모두
발명 아이디어의 씨앗이 되지요!

우리는 위대한 나무들에게서
엄청난 영감을 받을 수 있어요! 다음에 나무를 보면
잠시 멈춰 서서, 조용하고 느리지만,
그들이 끊임없이 우리를 위해 하고 있는 일들을
떠올려 보세요. 그리고 마음속으로 고마움을 전하세요.

우리도 나무처럼 살아가면 어떨까요?

어린이 발명가의 아이디어가…
트리 셔츠

티아, 11살
영국, 런던

나무도 이제 패션 아이템이에요!

"트리 셔츠는 나무를 심어 놓은 티셔츠예요. 한 달에 한 번 물을 주면 나무가 싱싱하게 살 수 있어요. 누구든지 입어도 좋지만 숨쉬기 어려운 사람에게 훨씬 더 도움이 될 거예요."

… 진짜로 만들어졌어요!

영화와 TV 제작자 **이지 콜리**는 티아와 수경 재배 전문가 존과 함께 이야기를 나눴어요.

"수경 재배는 흙 없이 물과 영양분만으로 식물을 재배하는 방법이에요. 장소에 상관없이 훨씬 쉽게 키울 수 있어요!"

"도시에서는 자연을 즐길 시간도 부족하고, 공간도 찾기 어려워요. 트리 셔츠는 옷 자체로도 근사할 뿐 아니라 중요한 아이디어예요. 티아 말처럼 공기가 너무 오염돼 숨쉬기가 어려울 수 있거든요."

"티아와 존을 만난 후, 우리는 멋진 티셔츠를 만들기로 했어요. 주머니에 식물을 넣되, 영양분이 풍부한 충전재를 넣은 물주머니에 함께 넣기로 했지요. 이렇게 하면 창턱에서 작은 식물을 키우다가 기분에 따라 옷에 넣어서 입고 다닐 수 있지요!"

9장

발명으로 만드는

더 나은 미래,
더 푸른 지구

환경에 미치는 우리의 행동

지구에는 **80억 명**이 넘는 사람들이 살고 있어요.
모든 사람의 행동이 모이면 지구에 어마어마한
영향을 미치겠지요.

우리의 생활 방식을 많이, 아니 조금이라도 바꾼다면,
지구에 큰 변화를 가져올 수 있어요.

따라서 발명을 할 때는 발명품이 자연과 환경에
어떤 영향을 미칠지 신중하게 생각해야 해요.

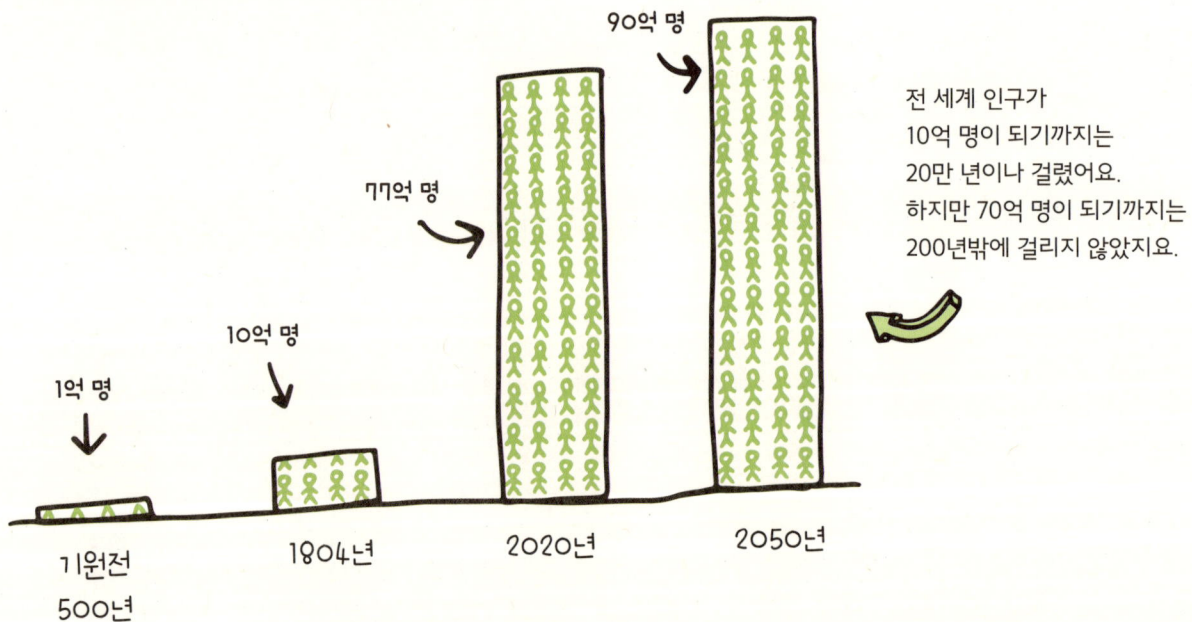

전 세계 인구가
10억 명이 되기까지는
20만 년이나 걸렸어요.
하지만 70억 명이 되기까지는
200년밖에 걸리지 않았지요.

전 세계 인구

비닐봉지는 약 60년 전에 처음 만들어졌어요. 그리고 1970년대부터 전 세계 마트와 가게에서 널리 쓰이기 시작했답니다!

하지만 종이봉투와 천 가방을 거의 대신하는 데는 불과 몇십 년 정도밖에 걸리지 않았답니다.

태평양의 쓰레기 섬은 바다 한가운데서 발견된 플라스틱 쓰레기 더미로, 대부분 비닐봉지로 이루어져 있어요.

세계 곳곳에서 1분마다 새 비닐봉지 백만 개가 사용되고 있어요.

현재 90여 개 국가에서 비닐봉지 사용을 금지했어요. 플라스틱 오염 문제를 해결하기 위해 많은 나라가 힘을 합치고 있지요.

초록별 지구? 사실은 푸른 행성!

바다는 지구의 70퍼센트를 차지하고 있어요.
우리는 바다가 물의 순환에서 중요한 역할을 한다는 걸 이미 잘 알고 있어요.
그런데 바다가 하는 일은 그뿐만이 아니랍니다.
바다는 인간이 만들어 낸 **오염 물질을 흡수**해
대기를 깨끗하게 유지하도록 도와줘요.

식물성 플랑크톤은 바다 표면에 사는 아주 작은 식물이에요. 지구에 존재하는 산소의 절반 이상을 생산한답니다!

지구상의 수많은 생물들이 바다에 살고 있어요.
하지만 플랑크톤부터 흰긴수염고래, 산호초에 이르기까지,
바닷속 생물들은 바다 밖에서 흘러 들어오는 오염 물질 때문에
고통받고 있어요.

게다가 엄청난 양의 **플라스틱**과 다른 인공 물질이 바다에 모인답니다.

이대로라면
2050년쯤에는
바다에 물고기보다
플라스틱이
더 많아질 거예요!

미래를 생각하는 놀라운 발명품들

과학자들은 환경 문제 해결을 위해 열심히 연구하고 있어요.

옥수숫가루나 심지어 바닷가재 껍데기 같은 음식 쓰레기로 비닐봉지를 만들기도 하고요.

버섯을 이용해서 포장재를 만들기도 해요!

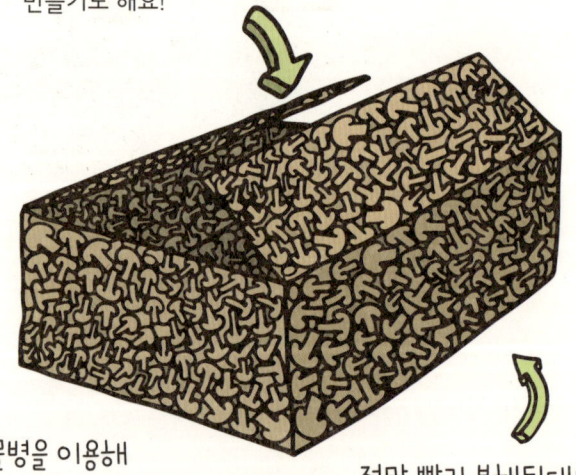

로버트 베조라는 사람은 남아메리카에서 플라스틱 물병을 이용해 집과 마을 전체를 짓고 있어요!

정말 빨리 분해된대요!

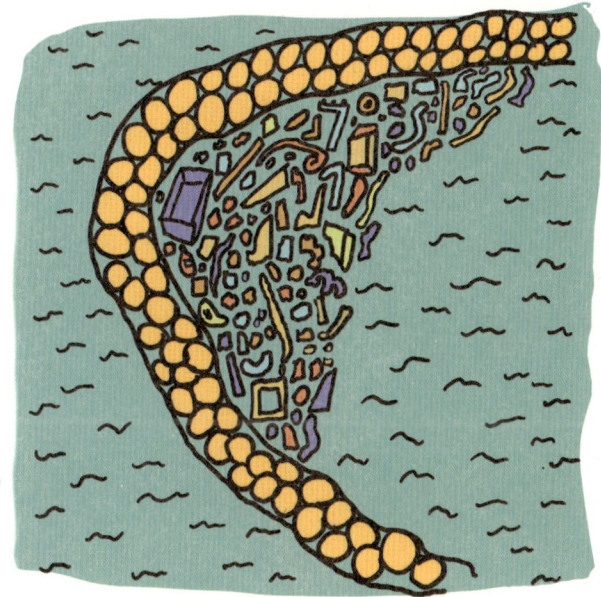

거대한 그물이 해안선 역할을 하면서 바다에 떠다니는 플라스틱을 모아줘요. 미세 플라스틱까지요!

바다 쓰레기를 수거하는 '오션 클린업 프로젝트'를 검색해 보세요! 보얀 슬랫이 18살이었을 때 시작한 프로젝트랍니다.

어떤 사람들은 대기 오염 물질로 **잉크와 보석**을 만들어 내는 방법까지 발견했어요!

네덜란드의 예술가 단 로세하르데의 발명품이에요.

싱가포르의 **슈퍼트리**는 빗물과 태양열을 모으는 동시에, 독특한 수직 정원*의 역할도 하고 있어요!

* 식물이 건물 외벽이나 내부에서 수직으로 자라게 조성한 정원

변화는 크고 작은 아이디어에서!

지구를 돕는 방법을 고민하다 보면,
때로는 벽에 부딪히거나 포기하고 싶어질지도
몰라요. 하지만 평범한 생활에서 시작하는
작은 실천이 큰 변화를 일으키고,
더 큰 아이디어로 자랄 수 있어요!

오염 물질이 바다로 흘러 들어가는 것을 어떻게 막을 수 있을까요?

플라스틱 사용을 줄이려면, 우리 생활에서 무엇을 바꿔야 할까요?

기름이 유출된 배에 기저귀를 채우면 어떨까요?

비닐봉지는 이제 그만!

겉옷 앞쪽에 큰 주머니를 만들면 가게에서 산 음식을 담아 옮길 수 있어요.

바닷속 깊은 곳으로 들어가 봐요!

바다 깊은 곳에는 무엇이 있을까요?
좋은 것도, 나쁜 것도 모두 상상해 봐요!

바닷속에 있어서는
안 될 것들

바닷속에서 볼 수 있는 생물

-
-
-
-
-

푸른 지구를 지키는 아이디어!

평소에 자주 사용하는 물건을 다르게 쓸 수 있는 방법을 생각해 볼까요? 세상을 친환경적으로 바꾸고 지구를 살릴 수 있는 특별한 아이디어에도 도전해 보고요!

바다에서 얻은 영감

이름

색깔을 활용하면 아이디어가 더 생생해져요. 푸른색을 마음껏 사용해 보세요. 자연에서 영감을 받아 더욱 멋진 아이디어가 떠오를지도요!

작동 원리

크게 그려 봐요. 색칠도 하고 설명도 해 주세요! littleinventors.org에 여러분의 아이디어를 공유해 주세요!

바다보다
더 푸른
여러분이
최고!

아름다운 지구는 특별한 자연물로 가득해요.
인간 또한 지구에서 살아가는 놀라운 생명체 중
하나지요.

지구에서 산다는 건 근사한 여행과도 같아요.
이 여행을 계속 즐기려면 지구를 돌봐야만 하지요.
아주 작은 벌레를 돌보는 일부터 **기후 위기** 같은
복잡한 문제를 해결하는 것까지,
다양한 관점에서 지구를 돌봐야 해요.

다행인 건 우리 모두가 도울 수 있는 일이
많다는 거예요. 그리고 과학은 정말 중요한
변화를 이끌어 낼 해결책을 찾아내는
중요한 역할을 하고 있어요.

모든 변화는 하나의 작은 **아이디어**에서
시작된답니다.

지구를 살리려는 아이디어가 많을수록,
현실로 이어지는 아이디어도 늘어날 거예요.

어린이 발명가의 아이디어가…
자석을 이용한 요술 플라스틱 청소기

한나, 7살
영국, 런던

좋아하는 캐릭터와 무한한 아이디어의 세계로 떠나요!

"제 발명품은 바다에 있는 플라스틱 쓰레기를 뾰족한 이빨이 있는 집게로 집은 다음, 꽉 눌러서 떠다니거나 바다를 오염시키지 않게 해요. 깊은 바다 밑바닥에 있고 쓰레기와 생물을 구분할 수 있기 때문에 바다의 아름다움을 해치지 않아요. 당연히 주변 생물들도 다치게 하지 않고요!"

… 진짜로 만들어졌어요!

마크는 한나를 발명품이 등장하는 그림 속 주인공으로 그려 주었어요!

한나가 생각해 낸 요술 플라스틱 청소기는 디즈니의 애니메이터 **마크 헨**이 만들었어요. 마크는 디즈니에서 〈인어공주〉, 〈알라딘〉, 〈공주와 개구리〉, 〈뮬란〉, 〈미녀와 야수〉의 애니메이션 작업을 했답니다!

10장

세상을 바꾸는 푸른 마음

나는 환경을 사랑하는 어린이 발명가

축하합니다! 〈지구를 구하는 환경 발명 수업〉편을 다 읽었어요.
여러분은 정말 멋진 어린이 발명가예요!
이제 세상으로 나아가 우리가 살고 있는 이곳을 더 푸르고
행복한 곳으로 만들 준비가 되었어요!

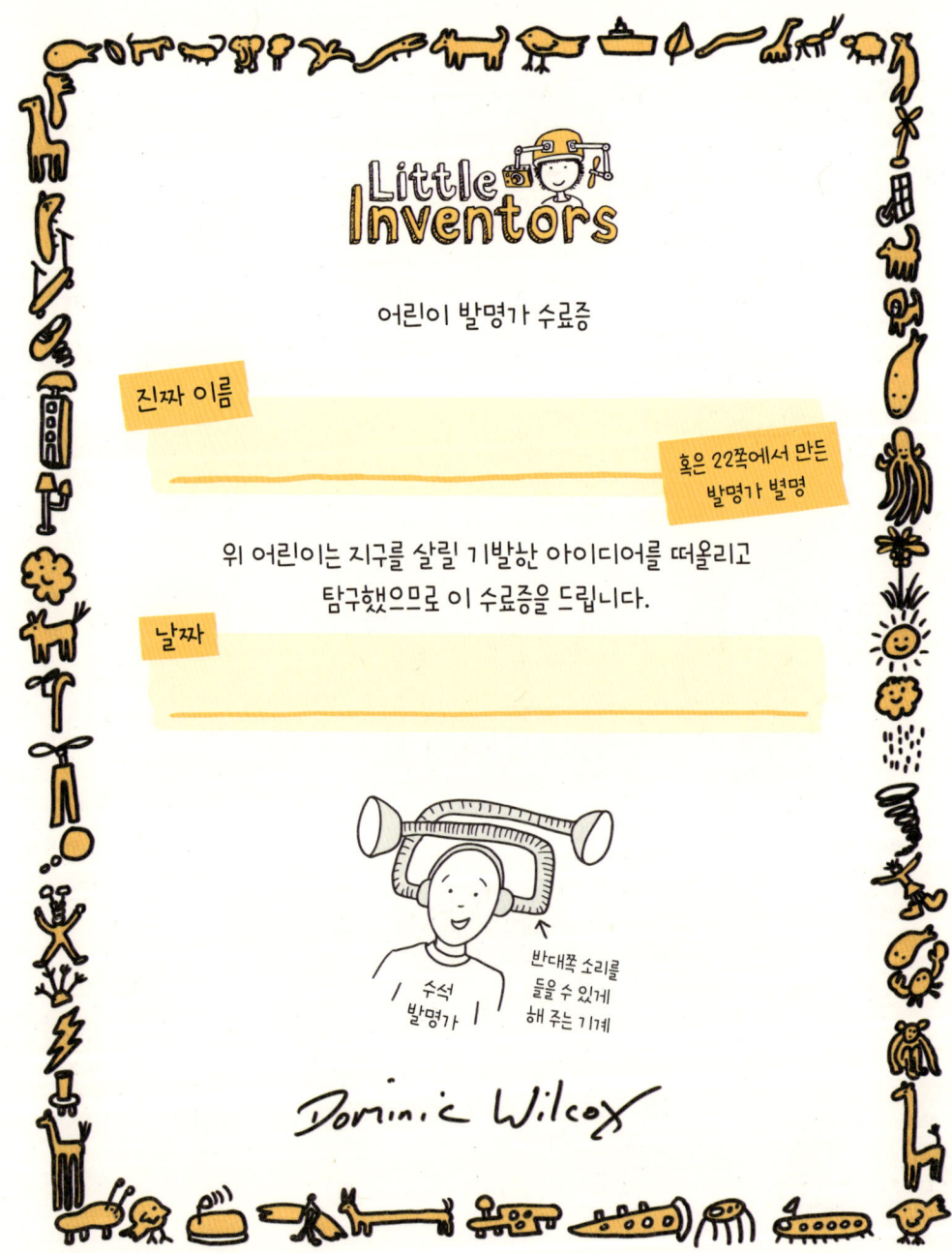

여러분의 아이디어를 세상에 보여 주세요!

지금까지 지구를 살릴 아이디어를 떠올리는 방법에 대해 배웠어요.
이제 여러분의 아이디어를 세상 모두와 공유할 차례예요!

책에 이 아이콘이 나올 때마다, 여러분의 발명 아이디어를 사진으로 찍어
littleinventors.org에 업로드하세요. 몇 단계만 거치면 아주 간단하게 올릴 수 있어요.
(어른의 도움을 받아도 괜찮아요!)

여러분의 발명품은 온라인에서 누구나 볼 수 있어요.
리틀 인벤터스는 올라온 모든 아이디어를 직접 살펴보고 의견을 들려줄 거랍니다.

여러분의 아이디어가 선정되어 실제 발명품으로 만들어질 수도 있어요.

과연 어떤 아이디어가 올라올까요? 정말 기대돼요!

아이디어를 더 멋지게 발전시켜요!

굉장한 아이디어를 생각해 내고, 이름을 지어주고, 그림으로 표현하고, 리틀 인벤터스에 공유했다면, 그걸로 끝일까요? 절대 아니지요!

우리의 상상은 계속 움직이고 변화해요. 발명도 마찬가지예요! 언제든지 조금씩 다듬고, 더 나은 방식으로 발전시키거나, 완전히 새롭게 만들 수도 있어요.

다른 각도에서 살펴보기

발명 아이디어를 그림으로 표현한 다음에는 다른 각도에서도 그려 보세요.

옆에서 바라본 모습이나 위에서 내려다본 모습을 그릴 수도 있겠지요!

이렇게 하면 아이디어를 쉽게 평면에서 입체로 나타낼 수 있어요.

귀 방향 바꾸는 기계

반대쪽 소리를 들을 수 있게 해줌

모형 만들기

그림을 그리면 발명품의 다양한 요소들을 구체적으로 떠올리는 데 도움이 돼요. 그다음 단계는 아이디어를 시제품이나 모형으로 만드는 거예요.
직접 만들어 보면, 발명품이 실제로 어떻게 작동할지 구체적으로 알 수 있고, 그 과정에서 새로운 아이디어가 떠오를 수도 있답니다.

모형을 만든 다음에는 그림을 다시 그려 수정할 수도 있어요.

발명품의 다음 버전 상상하기

멈추지 말고 계속 상상해 보세요.
발명품이 처음 사용될 때, 두 번째로 사용될 때,
나아가 백 번째로 사용될 때까지
그 모든 순간을 상상해 봐요.

익숙하면 익숙할수록, 발명품을 더 낫게 만들
방법을 고민하게 되지요.

여러분이 만든 발명품의 다음 버전은
어떤 모습일까요?

짝꿍 발명품 상상하기

여러분의 발명품과
같이 쓰면 좋을, 또 다른
발명품을 떠올려 볼까요?

인터넷 탐색하기

어쩌면 이미 누군가가 나와 비슷한 아이디어를
떠올렸을 수도 있어요.

인터넷에 발명품과 관련된 키워드를 검색해서
비슷한 발명품이 있는지 조사해 보세요.

만약 있다면, 여러분의 발명품을 어떻게 바꾸어서
더 특별하고 더 나은 방식으로 만들지 궁리해 보세요!

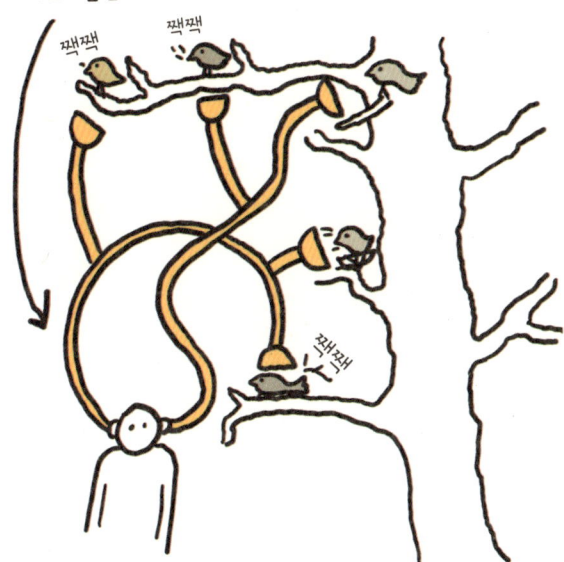

옛날 옛적에 한 발명품이 있었는데…

아이디어를 떠올리는 건 정말 대단한 일이에요! 이젠 발명품을 만든 다음에 과연 어떤 일이 벌어질지 상상해 볼 시간이에요. 여러분의 발명품에 관한 짧은 이야기를 써 보세요.

이야기 속 시간과 장소

이야기 속 등장인물

등장인물들이 발명품을 활용하는 법

그 후에 벌어진 일

발명품 덕분에 생긴 변화

어떤가요? 발명품을 다르게 활용할 방법이 떠오르거나, 개선할 점이 생각나거나,
다른 발명품에 대한 아이디어가 떠오르지 않나요?

발명가의 기록

한꺼번에 여러 아이디어가 떠오를 때가 있지요? 당장 그림을 그릴 수 없을 때를 대비해 여기에 적으세요. 번뜩이는 아이디어가 사라지지 않도록요!

나중에 다시 탐색해 볼 아이디어

예: 쓰레기를 음식으로 바꿀 수 있는 방법

돕고 싶은 사람들

예: 세계 여행을 떠나고 싶어 하는 친구

생각해 낸 도전 과제

예: 파도를 이용해서 바닷가 도시에 전력을 공급하면 어떨까?

littleinventors.org에서 발명에 필요한 많은 자료를 추가로 다운로드할 수 있답니다.
늘 새로운 도전 과제가 나와 있으니 도전해 보세요!

돕고 싶은 사람들

예: 세계 여행을 떠나고 싶어 하는 친구

생각해 낸 도전 과제

예: 파도를 이용해서 바닷가 도시에 전력을 공급하면 어떨까?

littleinventors.org에서 발명에 필요한 많은 자료를 추가로 다운로드할 수 있답니다. 늘 새로운 도전 과제가 나와 있으니 도전해 보세요!

11장

어른에게도

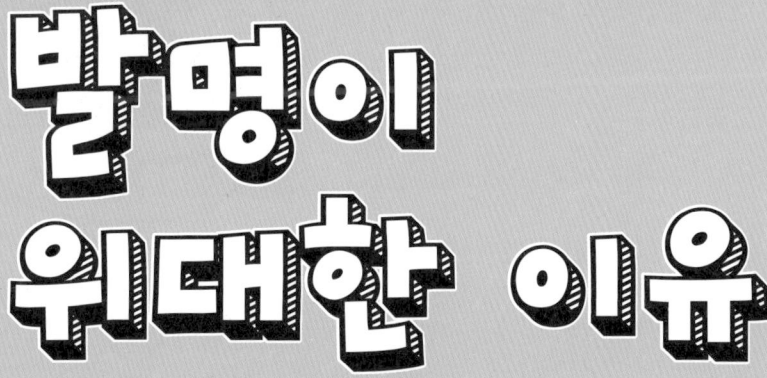
발명이
위대한 이유

상상력이 갖는 힘

발명은 인간에게 아주 자연스러운 일이에요.
아이들은 태어나는 순간부터 자신만의 방식으로 세상을 탐험하며
발명을 시작하지요. 하지만 어른들은 아이들의 생각이
허무맹랑하거나 말도 안 되는 이야기라고 생각할 때가 많아요.

하지만 아이들의 상상력을 온전히 받아들인다면,
우리는 주변을 완전히 새롭게 바라볼 수 있어요.

리틀 인벤터스는 아이들의 아이디어를 진지하게 받아들이는 것이
사회 전체에 큰 변화를 가져올 거라고 믿어요.

기술과 자동화가 일상의 많은 부분을 대신하게 될 미래에
창의성과 **문제해결력**은 모든 아이에게 꼭 필요한 능력이 될 거예요.

발명은 단순히 새로운 것을 만드는 것이 아니에요.
문제를 해결하는 과정에서 아이들이 의견과 아이디어를
자유롭게 표현할 수 있는 소중한 경험이지요.
이러한 경험을 통해 아이들은 앞으로 마주할 다양한 문제와
도전에 열린 마음으로 대응할 수 있을 거예요.
또한 개인으로서뿐만 아니라 지구를 돌보고 배려하는
멋진 시민으로 성장하는 데에도 큰 도움이 될 거예요.

환경을 지키는 일에 우리 모두가 함께해야 해요.
아이들은 일찍부터 지구를 존중하고 돌보는 경험을 쌓을 수 있지요.
어릴 때부터 지구와 환경을 소중히 여기고 돌보는 법을 배운 아이들은
자라면서 친환경적인 삶의 방식을 선택할 가능성이 높아요.

더 많은 아이들이 지구를 위해 행동하면서,
어른인 우리가 무엇을 할 수 있을지 생각해 보도록 영감을 주고 있어요.
아이들의 자유로운 상상력에서 많은 걸 배울 수 있답니다.

잠시만 **고정 관념을 내려놓고**
아이들의 발명 아이디어에 귀 기울여 보세요.
아이들의 끝없는 호기심에 공감하고, 즐거워하고,
놀라고, 흥미를 느껴 보세요. **아이들처럼 생각한다면**
여러분이 세상을 보는 시각에도 변화가 일어날 수 있어요.

우리가 알고 있다고 믿는 것에 도전해야
진정한 변화와 발전을 이끌어낼 수 있어요.
우리의 놀라운 **어린이 발명가**들은 이미
이미 멋진 변화를 만들어 가고 있답니다.

어른들을 위한 조언

어린이 발명가들이 지구를 살리는 발명 아이디어에
자신 있게 도전하도록 도울 아주 간단한 방법이 있어요.

아이디어를 온전히 맡기세요

발명은 어린이들이 마음껏 상상력을 펼칠 수 있는 흔치 않은 기회입니다. 아이들이 자유롭게 도전할 수 있도록 해 주세요!

주변부터 탐색하게 하세요

아는 사람이나 친숙한 물건으로부터 발명을 시작할 때 훨씬 쉽답니다. 큰 아이디어는 그다음이에요!

불가능은 없어요

아이디어를 탐색할 때 물리 법칙이나 현실의 제약은 중요하지 않아요. 한계 없이 탐색할 수 있는 자유를 주세요.

지식과 정보를 쌓으세요

미래에 대한 전망이 때로는 암울하게 느껴질 수 있지만, 더 많이 알수록 올바른 방향을 찾는 데 도움이 될 거예요.

주도권을 주세요

집을 친환경적으로 바꾸고 싶은가요? 어린이들을 결정 과정에 참여시키고 주도적으로 변화를 이끌어 가도록 해 주세요.

밖으로 나가요!

어린이 발명가가 **친환경적인 발명**을 하려면 자연 속에서 영감을 받는 것보다 더 좋은 방법은 없어요!